Hamburger Edition
Institut für Sozialforschung

Heinz Bude

Die ironische Nation

Soziologie als Zeitdiagnose

Hamburger Edition

Hamburger Edition HIS Verlagsges. mbH
Mittelweg 36
20148 Hamburg

Umschlaggestaltung: Wilfried Gandras
Umschlagfoto: Heinrich Heidersberger
Herstellung: Jan Enns
Satz: Stempel Garamond PostScript (PageOne)
Gesamtherstellung: Clausen & Bosse, Leck
Printed in Germany
ISBN 3-930908-47-6
1. Auflage März 1999

Die Deutsche Bibliothek – CIP-Einheitsaufnahme
Bude, Heinz:
Die ironische Nation: Soziologie als Zeitdiagnose /
Heinz Bude. – 1. Aufl. – Hamburg: Hamburger Ed., 1999
ISBN 3-930908-47-6

Inhalt

Vorwort

Im Moment des Abschieds tritt schmerzlich ins Bewußtsein, was man verloren hat. Die alte Bundesrepublik ist heute Gegenstand vielfältiger Liebeserklärungen. Ihre schärfsten Kritiker entpuppen sich als ihre zähesten Verteidiger. Der kleine praktische Staat der Bonner Republik wird als zivile Mischung aus Effizienz und Bescheidenheit gefeiert. Die Frage, wie das möglich war, richtet sich jetzt nicht mehr nur auf die kollektiven Verbrechen des Nationalsozialismus, sondern auch auf die soziale Wahl der Bundesrepublik. Die posttotalitäre Abkühlung, die institutionelle Dezentrierung, die Kompromißbildung zwischen den organisierten Interessen – das ganze Design dieser Stabilitätszäsur erscheint als unwahrscheinlich und rätselhaft. Noch fehlt ein Begriff für dieses Provisorium langer Dauer, das plötzlich Geschichte geworden ist.

Unter dem Titel der ironischen Nation wird hier eine Antwort auf die Frage nach den Entstehungsgründen und der Formierungsgestalt der Bundesrepublik gegeben. Im Vergleich zur DDR wird deutlich, wie sich Ironie und Tragik der Deutschen in der Nachkriegszeit verteilt haben. Dort wurde mit antifaschistischer Emphase ein Gegenstaat gegründet, hier mit postfaschistischem Integrationsbewußtsein weitergemacht. Aber zuletzt erwies sich das historische Abbruchunternehmen im Westen als zukunftsträchtiger als das volkseigene Aufbruchprojekt im Osten.

Der Band versammelt soziologische Beschreibungen aus dem Vereinigungs- und Wendejahrzehnt der neunziger Jahre. Es werden einzelne Stichworte aus dieser widersprüchlichen Periode von Bewegung und Stillstand aufgegriffen: dazu gehören Begriffe wie Elite, Nation, Kultur und Phänomene wie die nachträgliche Abstandsnahme zwischen dem alten Westen und dem neuen Osten und das Entstehen einer Jugendbewegung von rechts. Die öffentliche Beschäftigung mit Religion und Familie belegt indes einen Stilwandel in der Nachfrage nach soziologischer Aufklärung. Die schnelle Gesellschaftskritik hat genauso ausgedient wie das trotzige Beharren auf grundlegenden Werten. Das reflexionsbereite Publikum verfügt über Kontingenzbewußtsein, will aber andererseits Begründungen für eine Stellungnahme zu der Welt, in der wir leben, kennenlernen. Hier liegt die Chance einer Soziologie als Zeitdiagnose, die sich dem Zeitgeist nicht andient, aber trotzdem die Fähigkeit bewahrt, auf die Konjunkturen der gesellschaftlichen Selbstthematisierung zu reagieren. Die Distanz, die sie als Fachdisziplin und Forschungsorganisation braucht, kommt ihr nur dann als Deutungskultur zugute, wenn sie den Kontakt zu den Deutungsbedürfnissen der Leute und den Ausdrucksformen der Gruppen nicht verliert.

Nach dem Ende der Ideologien des 20. Jahrhunderts wird sich die Soziologie dazu wieder mehr der Politik öffnen müssen. Die Weltunordnungen nach 1989 lassen sich jedenfalls nicht mehr so einfach auf kulturelle Schemata bringen. So spricht die neuere Sozialanthropologie von einem globalen ethnischen Raum, in dem das Problem der Herkunft einen Ansatzpunkt für politische Dramatisierungen darstellt. Jenseits von rechts und links ist eine Wiederkehr der Gesellschaft zu konstatieren, die der Soziologie die politischen Fragen von Macht und Herrschaft, Armut und Ausgrenzung, Organisation und Regulation aufdrängt. Unter diesen Bedingungen die politischen Argumente zu klären wird dann zur Aufgabe einer Soziologie nicht nur als Zeitdiagnose, sondern auch als Gegenwartsdefinition.

Doch wer sich derart in seine Zeit einmischt, kann sich einem extremen Test nicht verweigern. Im Blick auf unser Jahrhundert stellt sich für die Soziologie als Krisenwissenschaft die Frage, wie sie mit dem »Zivilisationsbruch« durch die beiden Totalitarismen von Nationalsozialismus und Stalinismus zurechtkommt. Die Antwort betrifft die Soziologie als Überlebenswissenschaft. Schon der Amöbenbegriff der Gesellschaft handelt von der ungeheuren Anschlußfähigkeit der sozialen Systeme. Und für die wenigen Versuche einer Soziologie als Totalitarismus ist die Differenzierung des gesellschaftlichen Ganzen in verschiedene Funktionsbereiche und Handlungssphären eine Bedingung der Moderne wie der Barbarei. So steht die Soziologie ratlos am Ende ihres Jahrhunderts.

Die ironische Nation

Die Bundesrepublik ist erklärungsbedürftig. Unter diesem Namen ist etwas entstanden, was weder als Fortsetzung des Deutschen Reichs noch als Nation im französischen oder englischen Sinn zu verstehen ist. Was an diesem Modell könnte für andere interessant sein, und warum stimmt es heute nicht mehr? Die Antworten werben einerseits für die kollektive Lerngeschichte Westdeutschlands nach 1945 und versuchen andererseits zu erklären, warum die Bundesrepublik nach 1989 neu erfunden werden müßte.

Die alte Bundesrepublik scheint ein Vorreiter der Denationalisierung gewesen zu sein, die für viele politische Theoretiker unsere Zukunft bedeutet. Konstitutiv für den westdeutschen Entwicklungspfad war die Anpassung an eine in ökonomischer, politischer und kultureller Hinsicht globalisierte Umwelt und die Verfassung als eine Gesellschaft individualisierter Lebensweisen. Das »Modell Deutschland« präsentierte sich als »Exportnation« und »nivellierte Mittelstandsgesellschaft«. Diese doppelte Bewegung, Öffnung nach außen und Individualisierung nach innen, hat in Westdeutschland nach 1945 eine

Verlaufsform elastischer Modernisierung ermöglicht, die man gerne als Verwestlichung bezeichnet. Es nimmt nicht wunder, daß aus der Bundesrepublik die Virtuosen der »funktionalen Differenzierung« (Niklas Luhmann) wie der »postkonventionellen Moral« (Jürgen Habermas) kommen. Man kann darin die idealen Voraussetzungen für »komplexes Weltregieren«[1] erblicken, das nicht mehr als nationales, raumbezogenes, sondern nur noch als ein funktionales, menschheitsbezogenes Projekt zu verstehen ist.

Diese postnationale Struktur war natürlich eine Folge des Bruchs von 1945. Man könnte in den Begriffen von Hayden White[2] sagen, daß die Bundesrepublik sich als eine ironische Nation in defensiver Absicht begriffen hat. Damit ist dreierlei gemeint: Man verzichtete erstens auf eine kulturelle Mission, man verlieh sich zweitens eine dezentrale Binnenstruktur und man pflegte drittens eine kooperative Außendarstellung.

Der Verzicht auf eine kulturelle Mission hing mit dem sukzessiven Verschwinden des »deutschen Geistes« zusammen. Bekanntlich wähnt sich der »deutsche Geist« immer in Gefahr,[3] schwankt beständig zwischen östlicher Mystik und westlichem Rationalismus[4] und hofft ohne

---

1 Michael Zürn, Das Projekt »Komplexes Weltregieren«, in: Claus Leggewie (Hg.), Wozu politischeWissenschaft? Das Neue in der Politik, Darmstadt 1994, S. 77–88.

2 Siehe Hayden White, Auch Clio dichtet, Stuttgart 1978.

3 Ernst Robert Curtius, Deutscher Geist in Gefahr, Stuttgart / Berlin 1932.

4 Thomas Mann, Betrachtungen eines Unpolitischen (1918), Frankfurt am Main 1988.

Unterlaß auf einen kommenden Gott.[5] Suchte anfänglich im Zeichen des »Endes der Ideologien« die Abendlandfraktion noch ihre Chance, so setzte in den sechziger und siebziger Jahren die Popkultur zu ihrem Siegeszug an: Es begann mit der kühlen Erotik des Jazzbesens und endete mit Gedichten, die, so Rolf Dieter Brinkmann, wie ein Song geschrieben waren. Der Swing setzte sich gegen den Marsch und der Rock gegen die Verfettung durch. Wurde bei Stefan George und den Seinen der Dichter noch als letzter Hofkünstler gefeiert, so verstanden sich Hans Magnus Enzensberger, Ingeborg Bachmann oder Günter Grass als Autoren, die ihr Produkt auf dem öffentlichen Markt anbieten. Wenn »Kultur«, dann in Texten, die sich auf andere Texte beziehen – jedenfalls nicht als Erweckungserlebnis, sondern als Interpretationszusammenhang.

Man hat den institutionellen Strukturtyp der Bundesrepublik als »halbsouveränen Staat«[6] bezeichnet, der durch »kooperativen Föderalismus«, »Sozialpartnerschaft« oder »kooperativen Parlamentarismus« gekennzeichnet ist. Es handelt sich also um ein Staatsgebilde, in dem politische Entscheidungen nicht einem administrativen Zentrum oder einer repräsentativen Spitze zugerechnet werden können, sondern sich aus einem komplizierten Netzwerk von Verhandlungssystemen[7] ergeben, wo die Wege der

---

5 Manfred Frank, Der kommende Gott, Frankfurt am Main 1982, und ders., Gott im Exil, Frankfurt am Main 1988.

6 Peter Katzenstein, Policy and Politics in West Germany. The Growth of a Semisovereign-State, Temple 1989.

7 Dazu Fritz W. Scharpf, Verhandlungssysteme, Verteilungskonflikte und Pathologien der politischen Steuerung, in: Manfred G. Schmidt (Hg.),

Willensbildung nur schwer zu verfolgen sind. Mit anderen Worten: ein Staat ohne Zentrum und ohne Spitze.

Dieser »halbsouveränen« Binnenstruktur entsprach eine kooperative Außendarstellung. Trotz einiger heftiger Auseinandersetzungen zwischen Atlantikern und Gaullisten setzte sich in der Außenpolitik eine Richtung durch, die, so Hans-Dietrich Genscher in seinen »Erinnerungen«,[8] die »Logik der Machtpolitik« durch eine der systemischen Einbindungen und des langsamen Wandels durch behutsame Umweltveränderungen ersetzte.

Überhaupt kann Hans-Dietrich Genscher als idealer Repräsentant der ironischen Bundesrepublik genommen werden, die nach verlorenem Krieg und nach verschuldetem Völkermord den Aufstieg aus der Deckung zum Grundmodell der nationalen Wiedergeburt gewählt hat. Das Erfolgsgeheimnis des westdeutschen Aufstiegs aus Ruinen besteht in einer einzigartigen Mischung aus ideologischer Skepsis und verbissenem Realismus, die in der Flakhelfer-Generation zur lebenspraktischen Form geworden ist.[9]

Die ironische Konstruktion der Bundesrepublik tritt im Vergleich zur tragischen der DDR hervor.[10] Dort wurde

---

Staatstätigkeit. International und historisch vergleichende Analysen, Opladen 1988, S. 61–87.

8 Hans-Dietrich Genscher, Erinnerungen, Berlin 1995.

9 Siehe Heinz Bude, Deutsche Karrieren. Lebenskonstruktionen sozialer Aufsteiger aus der Flakhelfer-Generation, Frankfurt am Main 1987.

10 Dazu Heinz Bude, Das Ende einer tragischen Gesellschaft, in: Hans Joas / Martin Kohli (Hg.), Der Zusammenbruch der DDR. Soziologische Analysen, Frankfurt am Main 1993, S. 267–281.

das tragische Schema des Antifaschismus zur Staatsideologie erhoben. Danach konnte die Antwort auf Krieg und Faschismus nur Umkehr und Neubau lauten. In diesem Sinn sprach Johannes R. Becher in schwerem und tiefem Ton vom »Reformationswerk« des ersten sozialistischen Staats auf deutschem Boden. Solange der Kapitalismus nicht besiegt sei, so die antifaschistische Botschaft, drohe Verfall und Untergang. Dahinter stand für die Gründergeneration der DDR das Trauma der gescheiterten oder verratenen Revolution von 1918/19. Genaugenommen müßte man von einer hegemonialen Tragik sprechen, denn im Verlauf der DDR-Geschichte kam es in der Generationenfolge zu einer Ironisierung der Sozialverhältnisse, die das Ganze zum Schluß implodieren ließ.[11]

In der Bundesrepublik jedoch gewann der Diplomat Adenauer gegen den Charismatiker Schumacher. Integration war wichtiger als Auseinandersetzung, Anschluß wichtiger als Unterbrechung. Man zog sich zurück und machte weiter. So wurde die Unfähigkeit zu resignieren zum seelischen Urgrund der Bundesrepublik. Dem mythischen Kern des ironischen Schemas zufolge gibt es nur endlose Wiederkehr oder zufällige Katastrophe.

Die DDR bezog sich auf eine Vergangenheit, das war der Faschismus, und blickte in eine Zukunft, das war der Sozialismus. Demgegenüber stellte sich die Bundesrepublik als ein Staat ohne fixierte Vergangenheit und ohne

---

11 Vgl. Wolfgang Engler, Aushandlungsgesellschaft DDR, in: Ulrich Beck und Peter Sopp (Hg.), Individualisierung und Integration, Opladen 1997, S. 37–46.

eine missionarische Zukunft dar. Die »offene Gesellschaft« der Nachkriegszeit war in Westdeutschland eine Gesellschaft des Provisoriums und des Augenblicks, eine Gesellschaft ohne großen Sinn und ohne Ernstfall. Man machte im Bewußtsein der Möglichkeit einer zufälligen Katastrophe weiter, und am Ende trug der ironische Postfaschismus über den tragischen Antifaschismus den Sieg davon.[12]

Gestalt und Verlauf des kollektiven Selbstverständnisses einer Nation ergeben sich aus dem Zusammenspiel von Wir-Gefühlen und Staatsgebilde. Die Institutionen des Staates definieren einen Rechts- und Sozialraum, die Imaginationen von Wir-Gefühlen einen Kultur- und Gefühlsraum. Zwischen Institutionen und Imaginationen herrscht eine Art »Wahlverwandtschaft«, die sowohl stimulierend als auch limitierend für die nationalen Selbstidentifikationen wirkt. Begreift man die Nation nur als imaginäre Gemeinschaft,[13] so verfällt man leicht einer haltlosen Völkerpsychologie; geht man hingegen von den politischen und ideologischen Staatsapparaten aus,[14] so erreicht man nicht die gelebten Formen des Alltagsbewußtseins. Das, was man als politische Kultur bezeichnet, besteht aus institutionellen Formierungen und dar-

---

12 Siehe Heinz Bude, Bilanz der Nachfolge. Die Bundesrepublik und der Nationalsozialismus, Frankfurt am Main 1992.

13 So Benedict Anderson, Die Erfindung der Nation. Zur Karriere eines folgenreichen Konzepts, Frankfurt am Main 1988.

14 So Louis Althusser, Ideologie und ideologische Staatsapparate, in: ders., Marxismus und Ideologie, Berlin 1973, S 111–172.

auf bezogenen gedachten Ordnungen, aus intellektuellen Diskursen und populären Emblemen, aus dominanten Milieukonstellationen und problematischen Generationsanschlüssen.[15] Zwischen dem einzelnen und dem Ganzen vermitteln hier Herkunft und Erinnerung. Denn wer sich selbst verstehen will, der muß sich irgendwie mit der politischen Gemeinschaft seiner Nation identifizieren. Norbert Elias spricht von der »Wir-Schicht« der Person, die die Geschichte des einzelnen mit der seines Kollektivs verbindet.[16]

Nun hat es in der Geschichte der Bundesrepublik zwei große politische Diskurse über den Zusammenhang von Wir-Gefühlen und Staatsgebilde gegeben: In den fünfziger und sechziger Jahren ging es um die »Schicksalsgemeinschaft« und den »technischen Staat«, in den siebziger und achtziger Jahren um den Parteienstaat und die Bewegungsgesellschaft.

»An die Stelle eines politischen Volkswillens«, hieß es Anfang der sechziger Jahre bei Helmut Schelsky, »tritt die Sachgesetzlichkeit.«[17] Der »technische Staat« schafft Legitimität durch Funktionalität. Die instabilen Verläufe des politischen Kampfes werden der Logik von Technik und

15 In diesem Sinne M. Rainer Lepsius, Die Prägung der politischen Kultur der Bundesrepublik durch institutionelle Ordnungen, in: ders., Interessen, Ideen und Institutionen, Opladen 1990, S. 63–84.

16 Norbert Elias, Studien über die Deutschen. Machtkämpfe und Habitusentwicklung im 19. Jahrhundert, Frankfurt am Main 1989.

17 Helmut Schelsky, Der Mensch in der wissenschaftlichen Zivilisation (1961), in: ders., Auf der Suche nach Wirklichkeit, München 1979, S. 449–499, hier S. 465.

Wissenschaft unterworfen. In der Politik geht es nicht mehr nach alteuropäischem Verständnis um Partizipation und Entscheidung, sondern im Bewußtsein der »posthistoire« um Regulation und Konstruktion. Aber unerreichbar vom »technischen Staat« bleibt das Schicksal der Menschen. Es war wiederum Schelsky, der den Begriff der »Schicksalsgemeinschaft« prägte, demzufolge nach dem Kriege nicht Klassen und Stände, sondern Schicksale der Gefangenschaft, Flucht oder Vertreibung die Lebenswege und Handlungschancen des einzelnen bestimmten. Da war nach 1945 keine »bürgerliche Gesellschaft« übriggeblieben, vielmehr ein amorphes Kollektiv der Betroffenheit, für das die Begriffe politischer Fraktionen und Parteien nicht paßten. Die »Schicksalsgemeinschaft« fand im »technischen Staat« jene gedachte Ordnung der Selbstversachlichung, die eine neue Einheit von Technik, Gesellschaft und Seele zu begründen versprach.

1968 brachte dann die Kritik von »Technik und Wissenschaft als ›Ideologie‹«.[18] Der »technische Staat« ließ die Frage nach den Begriffen des öffentlichen Glücks unbeantwortet. Skepsis galt plötzlich nicht mehr als das letzte Wort eines aufgeklärten historischen Bewußtseins, und Familialisierung und Konsumismus erschienen als ängstliche Rückzüge von der politischen Verantwortung. Das Wir-Gefühl des Staatsbürgers triumphierte über die Indifferenz des Privatmenschen.[19]

---

18 Jürgen Habermas, Technik und Wissenschaft als »Ideologie«, Frankfurt am Main 1968.

19 Zur Logik der Wende von Eigennutz zu Gemeinwohl im herrschenden

Damit hingen zwei Entwicklungen in der politischen Kultur der Bundesrepublik zusammen: einerseits der endgültige Abschied der Sozialdemokratie von einer Politik negativer Integration; andererseits das Entstehen sozialer Bewegungen und das Durchsetzen von Formen außerparlamentarischer Politik.

Im Machtwechsel von 1969 gipfelte eine stille Revolution des Wählerverhaltens und der Wählererwartung. Der entscheidende Schritt in der Akzeptierung des Parteienstaats bestand in einem Wandel des Verständnisses der Wahl: Nicht das heiße politische Bekenntnis wie in der Weimarer Republik, sondern der kühle Akt der politischen Machtausübung gab dem anderen politischen Lager seine Chance. Man könnte darin die kompetente Handhabung des ironischen Mechanismus der Demokratie sehen: Der Wechsel selbst wird zum demokratischen Mechanismus.

Parallel zur Etablierung des Parteienstaats lief in den siebziger und achtziger Jahren die Ausbreitung der Bewegungsgesellschaft.[20] Das hing nicht allein mit den immer deutlicher zutage tretenden Dilemmata von Interessenaggregierung und Wählerwerbung zusammen. Ein neuer Begriff des Bürgers bildete sich heraus, der einen bestimmten Affekt gegen das Allgemeine mobilisierte. Ein antiinstitutioneller Begriff politischer Macht kam in

---

gesellschaftlichen Selbstverständnis Albert O. Hirschman, Engagement und Enttäuschung, Über das Schwanken der Bürger zwischen Privatwohl und Gemeinwohl, Frankfurt am Main 1988.

20 Vgl. Friedhelm Neidhardt und Dieter Rucht, Auf dem Wege in die Bewegungsgesellschaft?, in: Soziale Welt, Jg. 34, 1993, S. 305–326.

den politischen Bewegungen der späten sechziger und siebziger Jahre zum Ausdruck. Wiewohl an manchen Symptomen festzumachen, verfehlt die Diagnose vom »Unpolitischen« des Bürgerprotests als typisch deutscher Erscheinung das Neue an der Sache. Die Grenzen zwischen dem Privaten und dem Politischen verschoben sich, und es ist bis heute nicht klar, ob sich daraus ein neuer Typ von »Mikropolitik« entwickelt oder ob sich nur der »Terror der Intimität« verschärft hat.[21]

Bemerkenswert am deutschen Fall ist freilich die erfolgreiche Institutionalisierung einer sozialen Bewegung. Die Entwicklung der Grünen zur Verfassungspartei und die damit verbundene Dekomponierung der ursprünglichen politischen Botschaft hat das westdeutsche Parteiengefüge auf Dauer verändert.

Die entscheidende Voraussetzung für die Konstitution einer ironischen Nation in der Bundesrepublik besteht allerdings darin, daß der Nationalismus seine Funktion als Legitimationsquelle für Herrschafts- und Verteilungsansprüche verloren hat. Das »Volk« hat in der staatsrechtlichen Konstruktion der Bundesrepublik als politisches Subjekt keinen Platz.[22] Es gibt durch den strikten Verfassungsbezug der politischen Kultur keine Integrations-

---

21 Siehe Michel Foucault, Mikrophysik der Macht, Berlin 1976, oder Richard Sennett, Verfall und Ende des öffentlichen Lebens. Die Tyrannei der Intimität, Frankfurt am Main 1983.

22 Dazu knapp und klar Ernst Wolfgang Böckenförde, Die verfassunggebende Gewalt des Volkes – Ein Grenzbegriff des Verfassungsrechts, in: ders., Staatsverfassung, Demokratie, Frankfurt am Main 1991, S. 90–112.

ebene über den Parteien. Durch die Installierung des Bundesverfassungsgerichts als höchster Autorität der verfassunggebenden Gewalt hat sich der, mit Helmuth Plessner gesprochen, »Protestbegriff des Volkes« in einen »Verfahrensbegriff des Volkes« verwandelt.

In diesem staatsrechtlichen Arrangement ist zweifellos der entscheidende Bruch mit der Institutionengeschichte des Deutschen Reichs zu sehen. Aber Brüche schaffen zugleich neue Anschlußmöglichkeiten. Denn in der Gesellschaftsgeschichte gibt es keinen absoluten Neubeginn. Im Gegenteil: Es sind die Unterbrechungen, die für den Fortschritt sorgen.

So hat der Bruch mit dem Nationalismus die Wiederkehr des Föderalismus mit sich gebracht. Reinhart Koselleck hat sogar die Ansicht vertreten, daß die Idee des Bundes einen spezifisch deutschen Beitrag zum europäischen Denken über Staaten und Nationen darstellen könnte.[23] Es handelt sich um ein Modell für vorstaatliche, innerstaatliche oder überstaatliche Zusammenschlüsse, bei denen ein Minimum an Homogenität ein Maximum an Ausdehnung möglich macht. In der deutschen Reichsverfassung haben regionale Bünde das staatliche Defizit kompensiert, wodurch das Reich zwar unterhöhlt, aber zugleich erhalten wurde. Das war im übrigen der Rahmen für die deutsche Lösungsform der Religionskriege, die nicht wie in Frankreich oder England durch die Unterdrückung der jeweils anderen Konfession, sondern auf

---

23 Reinhart Koselleck, Diesseits des Nationalstaats. Föderale Strukturen der deutschen Geschichte, in: Transit, Heft 7, 1994, S. 63–76.

dem Wege eines Dualismus zwischen katholischen und protestantischen Bundespartnern pazifiziert wurde. Die Bundesrepublik hat diese Struktur staatlicher Einheit durch regionale Differenz nach 1945 als Antwort auf den nationalistischen Irrweg verwirklicht und damit bewiesen, daß Staat und Souveränität nicht völlig zusammenfallen müssen.

Ein anderes Transformationsmuster der deutschen Gesellschaftsgeschichte, das sich in der Bundesrepublik fortgesetzt hat, betrifft die Evolution der Arbeitsgesellschaft. Da zeigt sich im Vergleich zu den anderen westlichen Nationen eine Besonderheit der deutschen Entwicklung, die einen, allerdings gerne übersehenen, Aspekt des langen Wegs in die Modernität kennzeichnet. Wenn man das berühmte Schema von T. H. Marshall über die Entwicklungslogik zum Wohlfahrtsstaat anlegt,[24] dann erweist sich der deutsche Fall insofern als Anomalie, als hier die sozialen Bürgerrechte vor den politischen und in gewisser Weise sogar vor den bürgerlichen Freiheitsrechten erreicht wurden. Schematisch ausgedrückt: Deutschland war der Vorreiter im Aufbau eines öffentlichen Sozialversicherungssystems, aber ein Nachzügler in den gesellschaftlichen Kämpfen um politische Teilhaberechte. Die Brüderlichkeit in der Sozialpolitik war im Zweifelsfall wichtiger als die Gewährleistung rechtlicher Gleichheit oder politischer Freiheit für den einzelnen. Und der autoritäre Wohlfahrtsstaat schuf am Ende die Voraussetzungen für einen extremen ethnischen Nationalismus.

24 T. H. Marshall, Citizenship and Social Class, Cambridge 1950.

In diesem Sinne knüpfte Adenauers Rentenreform von 1957 an die Sozialgesetzgebung Bismarcks an. Die soziale Sicherung war immer beides: eine Form sozialer Kontrolle sowie eine Form nationaler Integration. Der Gründer der Bundesrepublik war sich mit dem Reichsgründer darin einig, daß nichts die Bürger besser an ihren Staat binden würde als die öffentliche Garantie sozialer Sicherheit. Nur ist mit dem Bürger nicht der »Bürger der Zivilgesellschaft«, sondern der »Bürger der Arbeitsgesellschaft« gemeint.

Dies alles sind Elemente einer Geschichte, die man so nicht mehr weitererzählen kann. 1989 ist die glückliche Zeit der ironischen Nation der Bundesrepublik mit einem Mal zu Ende gegangen. Dafür lassen sich drei Punkte nennen:

Erstens ist das Ende der Verwestlichung aus dem Impuls eines negativen Nationalismus zu konstatieren. Die Begründung, wir werden westlich, weil wir nicht mehr altdeutsch sein wollen, funktioniert nicht mehr. Mit den Formeln des »deutschen Geistes« könnte man sagen: Der Westen ist nicht mehr in Gefahr, da schwankt nichts mehr, da kommt nichts mehr. Unangenehm an diesem Prozeß der erfolgreichen Verwestlichung ist, daß das westliche Denken sein Pathos und seinen Charme verloren hat. Neue Bibliotheken sind jetzt woanders zu entdecken. Eine neue nationale Metaphysik, die sich bei einigen ostdeutschen Intellektuellen Ausdruck verschafft, ist nicht die Gefahr, aber es werden neue Perspektiven und Bezugspunkte auftauchen, von denen aus die Geschichte unseres Jahrhunderts neu gelesen werden wird. Der »antitotalitäre Konsens« kann sich bisher nur moralisch artikulieren, eine Theorie der »totalitären Erfahrung«, die uns besser begreifen ließe, was die Leute bewegt hat, ist noch nicht in Sicht.

Zweitens haben wir mit der Wiederkehr eines nationalen Motivs im Selbstverständnis der Bundesrepublik zu tun. Mit den Integrationsproblemen der deutschen Einheit artikuliert sich genaugenommen wieder ein die verschiedenen politisch repräsentierten Interessenlagen überspannendener nationaler Bezugsrahmen. Warum sonst, wenn nicht aus einem nationalen Motiv heraus, sollten die Westdeutschen willens sein, noch weitere zehn oder zwanzig Jahre erhebliche Transferleistungen in den Osten zu geben? Im übrigen ist mit der »Wende« wieder das »Volk« auf der politischen Bühne erschienen. Das »Volk« wurde plötzlich von einer flüchtigen Aggregationsform des Politischen zu einer historisch entscheidenden Macht. Es entstand ein symbolisches Universum, in dem »Volk« mit Wille, Kraft und Recht assoziiert werden konnte. Danach ist das »Volk« zwar wieder in die »Leute« zerfallen, aber es bleibt nunmehr im historischen Gedächtnis der Bundesrepublik die Erinnerung, daß aus den Leuten unter bestimmten Umständen ein »Volk« werden kann.

Schließlich ist drittens mit dem Ende des Kalten Krieges die deutsche Frage als außenpolitisches Basisproblem verschwunden. Außenpolitik war in der Bundesrepublik wie in der DDR nahezu vierzig Jahre lang hauptsächlich Deutschlandpolitik. Nach der Einheit und unter den Bedingungen einer neuen Weltunordnung sieht sich die neue Bundesrepublik einer von ungewohnten Komplexitäten gezeichneten Umwelt gegenüber. Die wiedervereinigte Nation kann nicht mehr aus der Deckung operieren und die Europäisierung der deutschen Frage zu ihrem Hauptanliegen erklären, sie muß jetzt sagen, was sie will und wofür sie einzustehen bereit ist. Von seinen Partnern und Freunden wird mehr oder minder deutlich verlangt, daß Deutschland nunmehr gewisse Verantwortlichkeiten für Einflußgebiete im Rahmen der verschiedenen regionalen Abkommen übernimmt. Im Lande stellt man jedoch erschrocken fest, daß für die damit in Zusammenhang stehenden Fragen geopolitischer Orientierung überhaupt kein angemessenes Vokabular zur Verfügung steht.

Wie macht man überhaupt Außenpolitik, und auf welche außenpolitischen Traditionen soll man sich berufen? Die ironische Nation hat sich den Luxus einer Elitenbildung für die Außenbeziehungen nicht geleistet, woher nun Maßstäbe für die Zivilisierung des außenpolitischen Phantasieraums genommen werden könnten. Hier scheint noch das problematische Genie Bismarcks nachzuwirken, was auf außenpolitischem Gebiet bis heute die Ausbildung einer funktionalen, aber gehobenen Mittelmäßigkeit verhindert hat.

Es erheben sich somit aus verschiedenen Richtungen Fragen, die mit den Mitteln der ironischen Nation nicht zu beantworten sind. Die erfolgreiche Verwestlichung bildet die Voraussetzung, aber nicht die Lösung für die Probleme, die sich heute stellen. Die defensive Ironie führt zur Erstarrung.

Die Ironie ist die höchste Form der Reflexivität. Mit Hegel könnte man sie als die Bewußtseinsform für das Ende der Geschichte ansehen. Was aber kommt nach der Ironie?

Wollte man sich auf lange geistige Disposition berufen, so wäre in Deutschland natürlich der Rückfall ins tragische Schema zu erwarten. Max Weber hat die entsprechende nationale Führungsfigur beschrieben, die es wagt, in die Speichen des Rads der Geschichte zu greifen. Da liegt Verfall und Untergang nahe. Nicht geringschätzen sollte man daher die Professionalität des Personals, was noch den besten Schutz vor charismatischen Anfällen in der deutschen Politik bietet.

Deutsche Elite

Anthony Giddens hat der Soziologie anempfohlen, sich um einen neuen Ansprechpartner zu kümmern. Waren es in den sechziger Jahren die durch die Bildungsinstitutionen aufsteigenden Mittelklassen, in den Siebzigern die »neuen sozialen Bewegungen«, in den Achtzigern die distinktionsversessenen Lebensstilgruppen, die das Selbstbild unserer Gesellschaft prägten, so schaut man heute auf das gesellschaftliche Führungspersonal. »Ob zum Guten oder zum Schlechten«, so Giddens, »es werden etablierte und mächtige Organisationen sein, einschließlich Staaten und Wirtschaftsunternehmen, die den meisten Einfluß auf die Muster des Wandels, um den es geht, haben werden.« [1]

Zum besseren Verständnis dieser Diagnose sollte man zwei grundlegende Formen des sozialen Wandels unterscheiden: den nachholenden und den drohenden sozialen Wandel. Die erste Form war für den gesellschaftlichen Aufbruch der sechziger Jahre charakteristisch. Am Ende des großen Nachkriegsbooms wurden in Politik und Kultur die Demokratisierungseffekte zum Ausdruck ge-

1 Anthony Giddens, Kritische Theorie der Spätmoderne, Wien 1992, S. 53.

bracht, die sich aus den Entwicklungen der Sozialstruktur, des Wohlfahrtsstaats und des Massenkonsums ergeben hatten. Die Akteure des nachholenden sozialen Wandels verhalten sich offensiv gegenüber den etablierten Autoritäten, weil sie von dem Gefühl getragen sind, die Geschichte auf ihrer Seite zu haben. Der drohende soziale Wandel dagegen erzeugt defensive Akteure, die von einer heftigen Sehnsucht nach Führerschaft getrieben sind. Klar ist, daß sich etwas ändern muß, aber woher die Veränderung kommen und wohin sie gehen soll, ist unklar.[2]

Es liegt auf der Hand, daß wir uns gegenwärtig in einer Phase des drohenden sozialen Wandels befinden. Die neue Bundesrepublik stellt sich als eine historisch revolutionierte, aber sozial erstarrte Gesellschaft dar. Zu der »Gerechtigkeitslücke« zwischen West- und Ostdeutschland kommen die wachsenden Legitimationsprobleme des fixierten Systems der wohlfahrtsstaatlichen Versorgungsklassen. Im übrigen mehren sich die Anzeichen für das Entstehen einer wirklichen Unterklasse, bestehend aus erfolglosen illegalen Einwanderern, abgeschriebenen Dauerarbeitslosen und im Zusammenhang mit Drogen-

2 In den soziologischen Theorien sozialen Wandels wird unterdessen die klassische Leitidee eines kontinuierlichen und geradlinigen Wandels als wenig wahrscheinlicher Grenzfall angesehen. Man neigt dagegen zu Vorstellungen, die mit problematischen Schwellenwerten, kritischen Massen, Katastrophen, unberechenbaren Fluktuationen und Umbrüchen oder mit einer nichtlinearen Logik des Mißlingens rechnen. In diesem Sinne Hans-Peter Müller und Michael Schmid, Paradigm Lost? Von der Theorie sozialen Wandels zur Theorie dynamischer Systeme, in: dies. (Hg.), Sozialer Wandel, Frankurt am Main 1995, S. 9–55.

konsum schicksalhaft Deklassierten, die durch einen Konzentrationseffekt von Benachteiligungen den sozialen Anschluß verloren haben. Schließlich tritt die Erkenntnis ins allgemeine Bewußtsein, daß die strukturelle Arbeitslosigkeit selbst durch hohes Wirtschaftswachstum nicht aus der Welt zu schaffen ist. Dies geschieht vor dem Hintergrund eines unübersichtlichen ökonomischen Strukturwandels, was die Restrukturierung des Weltmarkts und den Umbruch der Beschäftigungsstrukturen betrifft, wodurch der »Industriestandort« Deutschland gefährdet zu sein scheint.

Es ist zu erwarten, daß in einer solchen Situation die Frage nach den gesellschaftlichen Eliten auftaucht.[3] Sie sollen den Raum für legitime Interventionen schaffen, die das festgefahrene System der wechselbedingten Interessen und Anrechte wieder in Bewegung bringen, damit wir den Herausforderungen »in Vorbereitung auf das 21. Jahrhundert« (Paul Kennedy) begegnen können. Zu konstatieren ist gegenwärtig allerdings eine Stimmung der Verachtung der »politischen Klasse« und den »Nieten in Nadelstreifen« gegenüber. Und drei führende Politiker werfen der deutschen Elite Dialogunfähigkeit, ein begrenztes Interesse für öffentliche Aufgaben und einen weitverbreiteten Relativismus in rechter wie in linker Variante vor. Wer je-

---

3 So schon Hans Peter Dreitzel, Elitebegriff und Sozialstruktur. Eine soziologische Begriffsbestimmung, Stuttgart 1962, der darlegt, daß eine Soziologie der Elite nicht nur danach fragen darf, als was sich die Eliten verstehen und wer sich als Elite begreift, sondern immer auch berücksichtigen muß, wann und warum eine Gesellschaft Eliten fordert oder zu besitzen glaubt (S. 56ff.).

doch die Probleme des Landes lösen wolle, müsse der Gesellschaft den Glauben an ein gemeinsames Ziel und der Nation das Gefühl ihrer Zusammengehörigkeit geben. Sonst, so der erregte Appell an die »planlosen Eliten«, versäumen wir Deutschen die Zukunft.[4]

In merkwürdigem Gegensatz zu dieser dramatisierten gesellschaftlichen Selbstthematisierung des Eliteproblems stehen die sozialwissenschaftlichen Beschreibungen der deutschen Elite. Da wird Entwarnung gegeben: Die »politische Klasse« sei eine notwendige Erscheinung des Parteienstaats und dieser wiederum ein notwendiger Ersatz für die schwächer werdenden Bindungen zwischen den Parteien und ihren Wählern. Bei der Beurteilung dieser Organisationsform des Politischen dürfe man nur nicht in den Irrtum verfallen, vom Auf und Ab des Prestiges der »politischen Klasse« auf die Legitimität des parlamentarischen Systems zu schließen. Außerdem funktioniere das Zusammenspiel der verschiedenen Elitefraktionen besser, als es nach außen hin den Anschein habe. Jedenfalls könne das aus den frühen Jahren der Bundesrepublik stammende Bild vom Immobilismus der deutschen Elite nicht mehr bestätigt werden.

Doch schauen wir uns die beiden letzten größeren Veröffentlichungen zum Zustand der deutschen Elite etwas genauer an. Klaus von Beyme[5] situiert die »politi-

---

4 Peter Glotz, Rita Süssmuth und Konrad Seitz, Die planlosen Eliten. Versäumen wir Deutschen die Zukunft?, München 1992.

5 Klaus von Beyme, Die politische Klasse im Parteienstaat, Frankfurt am Main 1993.

sche Klasse« im neuen Leviathan des Parteienstaats. Seine funktionalistische Analyse will ohne Helden und Schurken auskommen. Damit setzt er sich ab von einem Populismus von oben, den einige seiner Kollegen durch wohlplazierte Äußerungen in den Medien schüren. Hans Herbert von Arnim gilt als Typ des Verbandsgesteuerten, der im Verein mit dem Bund der Steuerzahler seinen mutigen Kampf gegen die Privilegienkaste der Politiker inszeniert. Ein Professor an einer Hochschule mit geringer Lehrbelastung nutzt die Gelegenheit, sein eigenes Einkommen durch eine Kampagne zur Minimisierung des Einkommens der »politischen Klasse« zu maximieren. Dagegen ist von Beymes Ansicht nach nichts einzuwenden, würde sich der Bund der Steuerzahler nicht als alleinige Verkörperung des Gemeinwohls und der Professor nicht als einsamer Rächer des belogenen und betrogenen Wahlvolkes aufspielen. Erwin K. Scheuch, der andere Aufrechte, wird in die Tradition großer Parteienkritiker gestellt, die ihre persönlichen Enttäuschungen wissenschaftlich verarbeitet haben. So war Robert Michels, der schärfste Kritiker des Oligarchismus im Parteienwesen, mit einer Kandidatur in der SPD gescheitert, und Moise Ostrogorsky, dem der »Caucus« der Parteien wie ein »Virus« erschien, »stark genug, um das Blut der Gemeinschaft zu vergiften«, war als Abgeordneter der russischen Duma angewidert von der cliquenhaften Betriebsamkeit der »politischen Klasse« seiner Zeit. Der biographische Hintergrund entwertet die Kritik der enttäuschten Parteianhänger nicht unbesehen, aber das Wissen darum relativiert sie doch in den Augen der Gegenkritik.

Von Beymes Abhandlung stellt eine im einzelnen zwar differenzierte, im ganzen jedoch entschiedene Verteidigung des politischen Betriebs gegen eine wohlmeinende Antiparteienstimmung dar. Aus einer weberianischen Perspektive wird die Etablierung des Parteienstaats und die Entstehung einer abgehobenen Schicht von Berufspolitikern, die nicht allein *für* die Politik, sondern vor allem *von* der Politik leben, als eine unvermeidbare Entwicklung der Moderne wahrgenommen und bejaht. Gerade weil in einem offenbar säkularen Prozeß der Entideologisierung die Parteien als Repräsentanten bestimmter Großgruppendefinitionen sich nicht mehr halten können, werden sie als Organisationen der Aggregierung der verschiedenen gesellschaftlichen Ideen und Interessen um so notwendiger. Und wie andere Organisationen auch unterliegen die Parteien den organisatorischen Eigengesetzlichkeiten, was die verfügbaren Mittel zur Beschaffung von Legitimation für Leistungen und zur Rekrutierung des Personals anbelangt. Kommerzialisierung und Professionalisierung des politischen Geschäfts sind daher genauso zu erwarten wie seine Responsivität für Wählerwünsche und die damit zusammenhängende Anfälligkeit für Stimmungen. In einem solchen organisationssoziologischen Blick erscheint Helmut Kohl als perfekter politischer Kommunikationsingenieur, der in selbstbewußter Mißachtung der Aufmerksamkeitskonjunkturen der öffentlichen Meinung seine Partei besser kennt als sein Land.

Andererseits sieht sich von Beyme als Kritiker der Kritik genötigt, die Unterscheidung zwischen »politischer

Klasse« und »politischer Elite« zu treffen. Zur »politischen Klasse« werden alle gerechnet, die in Regierung, Parlament, Parteien und höherer Verwaltung von der Privilegienstruktur des politischen Systems begünstigt werden. Die »politische Elite« bildet in dieser Gruppe den inneren Zirkel, der die für die Allgemeinheit relevanten Entscheidungen trifft. Unentschieden bleibt, ob es sich dabei um eine konsensuell geeinigte Gruppe handelt oder um eine in Abhängigkeit von dem auftretenden politischen Steuerungsproblem sozusagen von Fall zu Fall konstituierte Koalition zwischen verschiedenen Führungsgruppen, zwischen denen durchaus Interessengegensätze bestehen können. Hier vermutet von Beyme jedenfalls das eigentliche Problem der gegenwärtig grassierenden Politikverdrossenheit: die Handlungsdefizite der »politischen Elite«, die durch ihre hilflosen Verteidigungsversuche die gesamte »politische Klasse« in Mißkredit bringt. Die Folge davon ist ein um sich greifender Deregulierungspopulismus, der in Italien in Gestalt der Lega Nord bereits zu einer nicht zu unterschätzenden politischen Kraft geworden ist, sowie das Entstehen des Selbstbildes einer »treulosen Gesellschaft«, in der jeder ohne Rücksicht auf das Allgemeininteresse nur auf seinen individuellen Vorteil bedacht ist. Am Ende steht also doch die Identifikation eines Elitenproblems, das mit den Mitteln der Beschreibung, die von Beyme offeriert, freilich nicht zu begreifen ist.

Ursula Hoffmann-Lange[6] resümiert die Ergebnisse

---

6 Ursula Hoffmann-Lange, Eliten, Macht und Konflikt in der Bundesrepublik, Opladen 1992.

der unter Leitung von Rudolf Wildenmann durchgeführten Mannheimer Elitestudie von 1981. Befragt wurden rund 1800 Personen, die nach einem ausgeklügelten Design als Inhaber von Positionen identifiziert wurden, die ihnen Einflußmöglichkeiten auf Entscheidungen von gesellschaftlicher Tragweite eröffnen. Einbezogen wurden die Inhaber von Führungspositionen in Politik, Verwaltung und Verbänden, die direkten Einfluß auf normsetzende Entscheidungen haben, Mitglieder des Managements großer Unternehmen, die folgenreiche Investitions- und Standortentscheidungen treffen, aber auch leitende Beamte nachgeordneter Behörden wie der Bundesanstalt für Arbeit oder der Bundesbahn, die über eine Folge von Routineentscheidungen maßgeblichen Einfluß auf die kollektiven Lebensbedingungen nehmen, und schließlich die Chefs der Massenmedien, die über eine erhebliche Definitionsmacht für Problemformulierungen und Problemlösungsstrategien verfügen. Die so ausgewählten Personen wurden nun danach befragt, wie sie es geschafft haben, nach oben zu kommen, welche politischen Einstellungen sie haben und wen sie für wichtig und einflußreich halten. Wir erfahren aus dem ausführlichen Forschungsreport eine Menge Dinge, die wir uns schon gedacht hatten: daß Frauen, Kinder aus Arbeiterfamilien und Katholiken in den Eliten deutlich unterrepräsentiert sind, was aber kein Spezifikum der Elitenrekrutierung darstellt, sondern auf die allgemeine Bedingung der geringeren Mobilitätschance unterprivilegierter Bevölkerungsgruppen hinweist, oder daß nur knapp dreißig Prozent der Eliten ihren Arbeitsplatz im

Bonn-Kölner Raum haben, was die Tatsache des Fehlens eines nationalen Zentrums der Elitenkommunikation bestätigt. Überraschend ist vielleicht, daß von den nach Parteipräferenz und Parteimitgliedschaft befragten Medieneliten 53,3 Prozent der CDU/CSU und nur 20,6 Prozent der SPD, aber 22,8 Prozent der FDP und lediglich 3,3 Prozent den Grünen zuneigten, was rechten Verschwörungstheorien über unsere linke Presse zuwiderläuft.

Insgesamt wird das beruhigende Bild einer im Vergleich zur Gesamtbevölkerung sozialstrukturell zwar nicht repräsentativen, aber für soziale Aufsteiger offenen und im Blick auf das Elitennetzwerk zwar sektoral differenzierten, aber gleichwohl intersektoral integrierten deutschen Elite gezeichnet. Dahinter verbirgt sich ein bestimmtes »soziopolitisches Modell der Bundesrepublik«, das ein Lernen der deutschen Eliten nach 1945 festhalten will. War nach dem Ende der monopolistischen Machtelite des Kaiserreichs und dem Zusammenfall des totalitären Machtaggregats des Nationalsozialismus die westdeutsche Elite zunächst in funktional separierte Teileliten zerfallen, die sich gegenseitig fremd waren, so hat sich unter der dominanten Systemsteuerung der Parteiführungen allmählich eine flexible Elitenformation herausgebildet, die man als ein Gefüge strukturierter Konkurrenzen und variabler Koalitionen beschreiben kann. »Kooperativer Föderalismus«, »Sozialpartnerschaft« oder »kooperativer Parlamentarismus« heißen die Stichworte für dieses Modell der Elitenkommunikation, das nicht zuletzt durch den antiideologischen Kommunikationsstil der »skeptischen Generation« ermöglicht wurde.

Im Grunde stellen die beiden Beschreibungen von Klaus von Beyme und Ursula Hoffmann-Lange nostalgische Rekonstruktionen des Elitensystems der alten Bundesrepublik dar. Unbestritten sind die Errungenschaften der durch kooperative Regelwerke abgesicherten Konkurrenzdemokratie. Fraglich indes ist, ob der skeptische Grundkonsens der westdeutschen »Elitenkultur« heute noch gilt. Anfang der neunziger Jahre sieht sich die deutsche Elite mit zwei Herausforderungen konfrontiert: mit der Tatsache der deutschen Einigung und mit der gleichzeitigen Möglichkeit des Verlusts der deutschen Spitzenposition in den verschiedenen ökonomischen Weltranglisten. Dabei findet ein Generationswechsel in den deutschen Führungsgruppen statt, bei dem die Erfahrungs- und Erinnerungsgemeinschaft des westdeutschen Wiederaufstiegs nach 1945 allmählich aussortiert wird.

Das Jahr 1989 hat die Basiskoordinaten deutscher Selbstwahrnehmung nach dem Zweiten Weltkrieg grundlegend verändert. Nach dem Verlust der sicheren Orientierungsmuster des Kalten Kriegs muß das wiedervereinigte Deutschland seine Position in der internationalen Machtbalance neu bestimmen. Für die politische Elite in Regierung, Parlament, Militär, Diplomatie und im politischen Journalismus ist damit ein Gestaltungsproblem entstanden, für das es noch gar keinen Verständigungsrahmen in der deutschen Öffentlichkeit gibt. Die Kategorien einer Außenpolitik, deren Optionen nicht allein durch die Integration in das westliche Bündnis festgelegt sind, müssen noch entwickelt werden. Zum Beispiel ist die Verwendung der Kategorie des »nationalen Interesses« ein Indikator für bestimmte Zuweisungen im intellektuellen Feld, die eine Debatte über die Sache unmöglich machen. So schwankt die deutsche Außenpolitik unter den Bedingungen der neuen Weltlage zwischen persönlichem Dilettantismus und bürokratischer Betriebsamkeit. Das dahinterstehende Selbstwahrnehmungsproblem der deutschen Elite besteht darin, daß die in der Nachkriegszeit so erfolgreiche Strategie eines Aufstiegs aus der Deckung nicht mehr funktioniert.

Das plötzlich auf die Tagesordnung gekommene Thema des Nationalen hat nicht nur eine außenpolitische, sondern genauso eine innenpolitische Seite. Im Besteckkasten politischer Steuerung findet sich natürlich der nationale Diskurs als Mittel gesellschaftlicher Integration. Hier geht es um das Erbe der Bundesrepublik: Während ein Teil der deutschen Elite den bundesdeutschen Postnationalismus als Kern einer »zivilen Gesellschaft« verteidigt, zeigt sich ein anderer bereit, die nationale Gemeinschaft als Kitt für die Vermittlung der zunehmenden gesellschaftlichen Verteilungskonflikte zu mobilisieren. Offen bleibt in beiden Fällen eine pathosfähige Formulierung des Gemeinwohls, die die privaten Interessen des Bürgers nicht zu diskreditieren braucht und trotzdem sein öffentliches Engagement fordern kann.

Der Wechsel von Elitenformationen zeigt sich auch daran, welche Elitenfigur die prominente Vorbildrolle einnimmt. War es im Gefolge der sozialen Bewegungen der sechziger und siebziger Jahre die Figur des Künstlers, die die kollektiven Phantasien beschäftigte, so scheint es heute mehr und mehr der Unternehmer zu sein. Man hat den Eindruck, Künstler haben uns über die Welt, so wie sie ist, kaum noch etwas zu sagen. Dagegen gewinnt der Unternehmer die Aura eines Geheimnisträgers. Ein Beispiel dafür ist die Karriere des von Joseph Schumpeter stammenden Begriffs der schöpferischer Zerstörung. Der Unternehmer ist nach diesem Verständnis der Prophet des Neuen, der den Markt als Kampfspielraum begreift. In Schumpeters Worten: »Die soziale Heimatlosigkeit, die Beschränkung auf das Aufsuchen und Durchsetzen neuer Möglichkeiten, das Fehlen dauernder Beziehungen zu individuellen Betrieben sind diesem Typus vor allem zu eigen.«[7] Es ist dieser Typ, der neue Produkte oder neue Qualitäten von Produkten erzeugt und durchsetzt, der neue Produktionsmethoden einführt, neue Organisationsformen der Industrie schafft sowie neue Absatzmärkte und Bezugsquellen erschließt. Die Sehnsucht nach einem solchen Typ des Unternehmers erklärt die Inszenierung des Phänomens López durch den Volkswagenkonzern. Die wirtschaftliche Elite in Deutschland hofft auf einen »destruktiven Charakter«, dessen Bedürfnis nach frischer Luft und freiem Raum, wie Walter Benjamin schreibt, stärker ist als jeder Haß.[8]

---

7 Joseph Schumpeter, Unternehmer, in: Handwörterbuch der Sozialwissenschaften, 4. Aufl., Jena 1928, Bd. VIII, S. 476–487, hier S. 485.

8 Walter Benjamin, Der destruktive Charakter, in: ders., Illuminationen. Ausgewählte Schriften, Frankfurt am Main 1961, S. 310–312.

In der deutschen Elite vollzieht sich gegenwärtig der »Abschied von den Kriegsteilnehmern« (Hanns-Josef Ortheil). Die zwischen 1920 und 1930 Geborenen, die als »vorsichtige, aber erfolgreiche junge Männer« (Helmut Schelsky) an der Erfolgsgeschichte der Bundesrepublik beteiligt waren, können als Protagonisten einer abgeschlossenen Periode der deutschen Geschichte betrachtet werden. Ihr Weltbild ist von einer großen und grundsätzlichen oder einer kleinen und präzisen Skepsis beherrscht, und die Quelle ihres Stolzes ist das Gefühl, trotz Niederlage und Schuld nach 1945 den Aufstieg geschafft zu haben. Nach ihnen rückt die Generation der zwischen 1938 und 1948 geborenen Kriegskinder in die Elitepositionen der deutschen Gesellschaft auf. Deren Weltbild ist von einem Wechsel zwischen ideologischer Erhöhung und pragmatischer Ernüchterung bestimmt, und der Ursprung ihres Lebensgefühls liegt in einer »Gerümpelkindheit«, die »unter einem nicht näher faßbaren Druck und der Bedrohung der Vernichtung stand« (Rolf Dieter Brinkmann). Von dieser Generation, die weder mit dem Begriff der Elite noch mit dem der Nation etwas anfangen kann, wird nun ein »New Deal« für die neue Bundesrepublik erwartet.

Im Herbst 1906 erwiderte Walther Rathenau auf die Bemerkung von Harry Graf Kessler, die Mißwirtschaft dauere schon so lange, daß man anfangen könne zu hoffen, sie werde ohne Katastrophe ablaufen: »Sie irren sich, eine Bank wie die Deutsche Bank kann fünf Jahre von gänzlich unfähigen Direktoren geleitet werden, ohne daß draußen jemand etwas merkt; aber dann wird allmählich der Abstieg beginnen. Bei einem Staat wie Deutschland kann ein Mißregiment vielleicht zwanzig Jahre ohne großen Schaden dauern; dann melden sich aber plötzlich überall die Folgen.«[9]

9 Harry Graf Kessler, Walther Rathenau. Sein Leben und sein Werk (1928), Frankfurt am Main 1988, S. 131.

Bewegung von rechts

Es ist sicher richtig, was Erwin K. Scheuch 1967 feststellte: daß der Rechtsradikalismus »eine ›normale‹ Pathologie von freiheitlichen Industriegesellschaften« darstellt.[1] Der Code von »rechts« und »links« ist nach beiden Seiten hin offen, und Extremisierungen sind unter bestimmten Bedingungen des politischen Systems erwartbar. Außerdem ist die politische Rhetorik von Volkssolidarität, Führerglaube und Blutgesetz nach 1945 nicht aus der Welt geschafft. Im Gegenteil: Wer sie heute benutzt, ist sich der öffentlichen Aufmerksamkeit sicher.

Nur hat sich seit den glücklichen sechziger Jahren, wo die NPD bei einigen Landtagswahlen immerhin die FDP überflügelte, in Deutschland einiges geändert. Das betrifft nicht allein die plötzliche deutsche Einigung, sondern vor allem grundlegende Revisionen in der Politik

---

1 Erwin K. Scheuch unter Mitarbeit von Hans D. Klingemann, Theorie des Rechtsradikalismus in westlichen Industriegesellschaften, in: Hamburger Jahrbuch für Wirtschafts- und Gesellschaftspolitik, 12. Jg., 1967, S. 11–29, hier S. 13.

des Wohlfahrtsstaates. Es ist unklar, wie sich die staatliche Niveaugarantie für Bildung, Gesundheit, wirtschaftliches Wachstum und soziale Sicherheit in der Zukunft gestalten wird. Wohlfahrtsstaatliche Politik ist paradoxerweise zu einer Quelle für ein allgemeines Gefühl der Unsicherheit geworden.

In dieser Situation kommt es zu einem Verteilungskampf zwischen den reichen Bürgern der westlichen Wohlfahrtsstaaten, die ihre kollektive Existenzgrundlage in Gefahr sehen, und den neuen, aber armen Bürgern aus den Staaten Osteuropas und zum Teil der sogenannten Dritten Welt, die nun zum Westen dazugekommen sind und den Anspruch auf eine westliche Lebensweise erheben. Hier liegt der Ursprung eines in der Mitte unserer Gesellschaft sich ausbreitenden »demokratischen Rassismus«. Dabei geht es nicht um die wiederkehrende Vorstellung »höherwertiger Rassen«, sondern um eine »Rhetorik der Unnachgiebigkeit«[2] gegenüber neuen Anrechtsgruppen. Das erreichte »Eigene« wird gegen die habsüchtigen »Fremden« verteidigt. Es steht kein anderer Schematismus als der von »Eigenem« und »Fremdem« zur Verfügung, um das eigene schlechte Gewissen zu besänftigen. Bürger im rechtlichen und politischen Sinne sind wir alle, aber die sozialen und ökonomischen Wohlfahrtsrechte gelten nur für die Bürger des eigenen Landes. Die bohrende Frage lautet dann: Wer ist Bürger des eigenen Landes? Der Wohlfahrtsstaat ist national konstitu-

2 Albert O. Hirschman, Denken gegen die Zukunft. Die Rhetorik der Reaktion, München 1992.

iert, und man wird sich daher darauf einstellen müssen, daß er in nationalistischen Kategorien verteidigt wird.

In den sechziger Jahren konnte man noch glauben, der Rechtsradikalismus sei ein seelisches Relikt unbewältigter Vergangenheit, heute müssen wir uns eingestehen, daß die Offensive von rechts mitten aus unserer Gegenwart kommt. Diesen epochalen Problemwechsel darf man nicht aus dem Blick verlieren, wenn die Ursachen und Gründe des gegenwärtigen Rechtspopulismus zur Debatte stehen.

Worum geht es? Ein Blick in die Kriminalitätsstatistik zeigt,[3] daß es ab August 1991 zu einer dramatischen Erhöhung fremdenfeindlicher Straftaten in Deutschland kommt. Die Straftaten umfassen die klassischen Gewaltdelikte, aber dazu kommen noch die Straftatsbestände der »Verbreitung von Propagandamitteln« und »Verwendung von Kennzeichen verfassungsfeindlicher Organisationen« sowie die »Störung des öffentlichen Friedens«. Im November und Dezember 1991 flacht die Welle deutlich ab, stabilisiert sich jedoch im Vergleich zu den vorangegangenen Jahren auf hohem Niveau. Im September 1992 eskaliert die fremdenfeindliche Gewalt in bisher nicht gekanntem Ausmaß. Nach den Krawallen von Rostock scheint die Serie kein Ende nehmen zu wollen. Die als mediales Ereignis völlig verunglückte Staatsdemon-

3 Siehe Helmut Willems, Fremdenfeindliche Gewalt: Entwicklungen, Strukturen, Eskalationsprozesse, in: Gruppendynamik, 23. Jg., 1992, Heft 4, S. 433–448.

stration gegen fremdenfeindliche Gewalt in Deutschland am 7. November 1992 in Berlin bildet den Ausgangspunkt für eine Reihe von selbstorganisierten Lichterketten für eine fremdenfreundliche Republik. Sie verdanken sich der Initiative einiger sich jung, dynamisch und modern gebender und im Umgang mit den Medien vertrauter Bürger. Im November und Dezember 1992 geht die Serie der Anschläge gegen Asylbewerberheime, der Schändung jüdischer Friedhöfe und Gräber und der Gewalttaten gegen Ausländer, Obdachlose und Wehrlose anscheinend zu Ende. Jedenfalls zwingt die Reaktion der öffentlichen Meinung den Rechtspopulismus in die Defensive. Allerdings ist wieder eine Erhöhung des Normalitätsniveaus von Gewalt mit rechtsradikalem Hintergrund festzustellen.

Die Gewalttäter[4] sind zu 95 Prozent sehr junge Männer. Mehr als 80 Prozent der ermittelten Tatverdächtigen sind jünger als 25 Jahre, über 70 Prozent jünger als 20 Jahre und mehr als 35 Prozent sogar jünger als 17 Jahre. Leider fehlen mir Zahlen über die Verteilung zwischen West- und Ostdeutschland. Aus sozialarbeiterischer Perspektive lassen sich im rechten Spektrum drei Altersgruppen mit jeweils spezifischen Einstellungen identifizieren: Viele der 18- bis 23jährigen befinden sich in einer Phase adoleszenter Labilität, wo eine Freundin sie mit einem Mal aus der rechten

4 Zum Folgenden die Ergebnisse einer Analyse von 1398 polizeilichen Ermittlungsakten. Helmut Willems, Stefanie Würtz und Roland Eckert, Fremdenfeindliche Gewalt. Eine Analyse von Täterstrukturen und Eskalationsprozessen. Vorgelegt dem Bundesministerium für Frauen und Jugend und der Deutschen Forschungsgemeinschaft, Bonn 1993.

Szene herausführen kann; die über 23jährigen sind dagegen in ihrer rechtsextremen Haltung weitaus fixierter und lassen sich meistens kaum noch beeinflussen; für die Jugendlichen unter 18 Jahren ist Rechtssein vor allem eine Geste, die den Spaß am Widerstand steigert. Allerdings versagt bei allen drei Gruppen wohlgemeinte Aufklärungsarbeit. Borniertheit, um eine von Niklas Luhmann eingeführte Unterscheidung[5] aufzugreifen, gefällt ihnen besser als Empathie.

Ich möchte vor allem auf drei Entstehungsgründe für den jugendlichen Rechtspopulismus aufmerksam machen: auf die politische Gelegenheitsstruktur, die einen kollektiven Akteur ermutigt hat; auf die Interaktion zwischen der jugendlichen Akteursgruppe und anderen gesellschaftlichen Gruppen, die die Mobilisierungswelle zuerst verstärkt und dann zum Stillstand gebracht hat; und auf den reflexiven Charakter dieser Bewegung, die man als »rechte« Variation eines »linken« Schemas beschreiben kann.

Sidney Tarrow hat in einer Systematisierung einiger Elemente aus den verschiedenen Theorien sozialer Bewegungen vorgeschlagen, das Auftreten von Protestgruppen als kollektive Antwort auf eine günstige politische Gelegenheitsstruktur anzusehen.[6] Auch wenn man die rechts-

---

5 Niklas Luhmann, Borniert und einfühlsam zugleich, Frankfurter Allgemeine Zeitung vom 27. Januar 1993, S. N 5.

6 Sidney Tarrow, Kollektives Handeln und politische Gelegenheitsstruktur in Mobilisierungswellen: Theoretische Perspektiven, in: Kölner Zeitschrift für Soziologie und Sozialpsychologie, 43. Jg., 1991, Heft 4, S. 647–670.

radikalen jugendlichen Gewalttäter nicht als Protestgruppe bezeichnen mag, so führt diese Beschreibung doch einen bestimmten Entstehungszusammenhang dieser Welle von Gewalt vor Augen.

Anfang der neunziger Jahre kommt die Rede von der »Politikverdrossenheit« auf. Man denke nur an den enormen Erfolg der 1992 veröffentlichten kleinen Studie des Ehepaar Scheuchs über »Cliquen, Klüngel und Karrieren«, die im Untertitel »Über den Verfall der politischen Parteien« heißt.[7] Nach dem Ende eines boomenden Jahrzehnts wird die Schwäche der politischen Bindungen entdeckt. Kohl erweist sich als der Kanzler des »Kasinokapitalismus«, dem zum Schluß noch ein großer Coup gelungen ist. Als nach der deutschen Einigung die Rechnung bezahlt werden muß, wird der Ruf nach der Politik wach. Aber in der »politischen Klasse« sind weder starke Überzeugungen noch gute Ideen zu finden. Es ist nicht nur ein Mangel an Moral, sondern vor allem an Regulationsintelligenz zu konstatieren.

Die Funktion der politischen Eliten in der Demokratie besteht, mit den klassischen Begriffen von Rousseau gesprochen, darin, den »volunté de tous« in einen »volunté générale« zu verwandeln. Diese Grundvoraussetzung für die politische Willensbildung des Volkes ist offenbar immer weniger gegeben. Die vollständige Demokratisierung des Nichtwissens fördert angesichts des

---

7 Erwin K. und Ute Scheuch, Cliquen, Klüngel und Karrieren. Über den Verfall der politischen Parteien – eine Studie, Reinbek bei Hamburg 1992.

Schwindens der Normalitätsunterstellungen der Nachkriegszeit eine Atmosphäre erhöhter gesellschaftlicher Nervosität.

Die Asylfrage bringt ein rumorendes Gefühl auf den Punkt. Der dramatisierende Effekt der entsprechenden Diskussion zwischen den Parteien rührt daher, daß Reform oder Wiederherstellung des vormaligen Zustandes gleichermaßen unmöglich scheinen. In der Sicht von Albert O. Hirschman[8] stellen solche No-exit-Situationen bekanntlich eine auslösende Bedingung für das Entstehen sozialer Bewegungen dar.

Die rechtspopulistische Bewegung profitiert von der hier deutlich werdenden politischen Handlungsunfähigkeit. Es mehren sich die sowieso schon vorhandenen Zweifel an der Interventionsfähigkeit des Staates und seiner Institutionen. Solche sich zuspitzenden »Vertrauenskrisen« können Gruppen mit geringen Ressourcen an Geld, Macht und Vertrauen ermutigen, sich in der Rolle von Volkstribunen zu versuchen, die den eigentlichen Willen der schweigenden Mehrheit zum Ausdruck bringen.

Aber eine randständige Akteursgruppe kann nur dann in der Öffentlichkeit hervortreten, wenn die Reaktion der dominanten gesellschaftlichen Gruppen es erlaubt. Das Aufschäumen des jugendlichen Rechtspopulismus verdankt sich einer merkwürdig unentschiedenen Antwort anderer gesellschaftlicher Gruppen. Auf Verhalten wurde nämlich nicht sogleich mit Verhalten reagiert, sondern lange Zeit mit Verständnis. Auffällig war das interpreta-

---

8 Albert O. Hirschman, Abwanderung und Widerspruch, Tübingen 1974.

tive Bemühen, das von den staatlichen Organisationen, von den Medien, von den politischen Parteien und nicht zuletzt von den Sozialwissenschaften an den Tag gelegt wurde, um die Beweggründe dieser »fehlgeleiteten Jugendlichen« zu verstehen. Es muß doch etwas dahinterstehen, wenn sich unsere Kinder so verhalten. Die Eltern, die so fragen, fragen in der Regel nach sich selbst. Man kommt nicht umhin, das Wirken eines Systems verborgener Loyalitäten in den Interaktionsprozessen zwischen der rechtsradikalen Akteursgruppe und den gesellschaftlichen Instanzen zu vermuten. Hier geht die gruppensoziologisch angelegte Theorie sozialer Bewegungen in eine Psychoanalyse des Sozialen über.

Nicht täuschen darf man sich freilich über den reflexiven Charakter dieser sozialen Bewegung von rechts. Das Aktionsrepertoire des jugendlichen Rechtspopulismus macht Anleihen an der Geschichte sozialer Bewegungen. Es werden nicht allein die Symbolwelten der nationalsozialistischen Bewegung beschworen, die Form der »direkten Aktion« hat, wenn man so will, »antiautoritäre« Vorbilder. Die Bewegung verfolgt kein anderes Ziel als die Bewegung. Und ob sich etwas bewegt, zeigt sich in den Medien. Ein entscheidender Mechanismus für die Mobilisierung kollektiven Handelns ist »media coverage«. Die Brandanschläge sind keine Aktionen auf dem Weg zur Verwirklichung eines langfristigen Projekts, sie dienen allein der Darstellung von Präsenz. Daher ist die »kritische Masse«, die notwendig ist, um einen kollektiven Akteur in Gang zu setzen, auch so gering. Siebentausend potentiell gewaltbereite Jugendliche – mehr sind es nach polizeistatistischer Schätzung nicht – können eine ganze Nation in Atem halten.

Die ersten Lichterketten waren Ausdruck des Erschreckens der Eltern über ihre sittlich verwahrlosten Kinder.[9] Der Furie der Jugend wurden brennende Kerzen entgegengehalten. Da spielte vorweihnachtliche Sentimentalität mit, aber im Blick auf die latente Sinnstruktur dieser Antwort mag man vielleicht über die Symbolik des heilenden Lichts nicht mehr spotten. Wie auch immer, die Botschaft der Lichterketten an die rechtsradikalen Jugendlichen lautete, daß sie sich bei ihrer Gewalt nicht mehr auf das Gefühl einer geheimen Delegation von der schweigenden Mehrheit auf die militante Minderheit berufen können, sondern daß sie fortan mit ihren Aktionen alleine stehen. Es handelt sich gewissermaßen um den Versuch eines kollektiven Liebesentzugs. Man muß nun warten, ob sich diese sozialisatorische Praktik bei den Jugendlichen verfängt.

»Niemand, der die Sitten und Auffassungen seiner Umwelt verletzt, entrinnt der Strafe ihrer Kritik und ihrer Feindseligkeit. Nicht einer unter zehntausend Menschen ist so unbeugsam und so stumpf, so unempfindlich, daß er sich aufrechthalten könnte, wenn er in seinem Kreis auf Ablehnung und Unbeliebtheit stößt. Das muß ein unnatürlicher und abwegiger Charakter sein, der sich damit

9 Das ist natürlich eine Aussage über die gesellschaftliche Phantasie, nicht über die altersmäßige Zusammensetzung der Teilnehmer an den Lichterketten.

abfinden kann, in seiner engeren Umgebung überall Mißachtung zu spüren. Viele Menschen haben die Einsamkeit gesucht und sich mit ihr befreundet: aber wer überhaupt ein menschenähnliches Wesen hat, bringt er nicht fertig, in einer Welt zu leben, in der ihm seine Mitmenschen – seine Bekannten und die Leute, mit denen er spricht – ständig abweisend und verächtlich begegnen.« Niemand anders als Elisabeth Noelle-Neumann beruft sich bei der ersten Formulierung ihrer in der Umfrageforschung sehr einflußreichen Theorie der öffentlichen Meinung[10] auf John Lockes Erläuterungen zum »law of opinion« in dessen »Essay Concerning Human Understanding«. Es ist die öffentliche Meinung, die im Zweifelsfall, das heißt im Zustand der Veränderung, Erregung, Störung oder Gefahr, die sittliche Integrität der Gesellschaft garantiert.

Elisabeth Noelle-Neumann macht darauf aufmerksam, daß die öffentliche Meinung nach zwei Seiten hin wirkt: Sie kontrolliert einerseits die politische Herrschaft und sie integriert andererseits den einzelnen in die Gesellschaft. In beiden Fällen geht es um soziale Kontrolle, aber die Mittel sind unterschiedlich: Der einzelne wird isoliert, und den Herrschenden wird der Entzug der Macht angedroht.

In einer bestimmten kritischen Tradition haben wir uns daran gewöhnt, die kontrollierende Funktion der öffentlichen Meinung nur gegenüber dem politischen System als positiv anzusehen, nicht jedoch gegenüber den Selbstentfaltungsansprüchen des einzelnen. Dem gesamten

10 Elisabeth Noelle, Öffentliche Meinung und Soziale Kontrolle, Tübingen 1966.

»labelling-approach« zum Beispiel, der das »abweichende Verhalten« zu einem Definitionsproblem der anderen erklärt, liegt die Absicht zugrunde, die naturalisierenden Konstrukte der öffentlichen Meinung zu destruieren, um dem Recht auf individuelle Differenz Platz zu schaffen. Plötzlich steht uns jedoch vor Augen, daß es Grenzen der individuellen Erlebnissteigerung gibt, wenn die republikanische Grundordnung auf dem Spiel steht, und wir sind froh, daß sich in unserem Land eine öffentliche Meinung kundtut, die diese Grenzen bekräftigt.

Aber war das nicht ein einmaliger Vorgang, der uns über die Möglichkeiten einer normativen Integration der Gesellschaft täuscht? In der »Erlebnisgesellschaft«,[11] so wird uns gesagt, ist die soziale Umwelt nur noch Mittel der individuellen Sensibilität, die Anerkennung durch andere nicht mehr Zweck der subjektiven Selbstvervollkommnung. Mit welchen Gründen kann dann noch jemand an seinem Vergnügen an rassistischer Borniertheit gehindert werden? Kann die Androhung des kollektiven Liebesentzugs überhaupt noch Wirkung haben?

Wie man die Erfolgsaussichten dieser Intervention beurteilt, hängt davon ab, wo man den Anfang des jugendlichen Rechtspopulismus sieht. Vielfach wird behauptet, mit der deutschen Einigung habe alles angefangen. Der jugendliche Rechtspopulismus sei nur der extreme und abgespaltene Ausdruck eines niedergedrückten nationalen Größenselbst. Die Wächter des bundesrepublikani-

11 Gerhard Schulze, Die Erlebnisgesellschaft. Kultursoziologie der Gegenwart, Frankfurt am Main / New York 1992.

schen Funktionsstaates würden das gefährliche Spiel mit den nationalistischen Parolen geradezu provozieren. Weil die einen überhaupt nicht von Deutschland reden, tun es die anderen nur noch.

Richtig daran ist zweifellos, daß sich mit der deutschen Einigung eine Veränderung des Gesellschaftskörpers ergeben hat, die weder intellektuell noch politisch eine angemessene Deutung gefunden hat. Das Ende der Nachkriegszeit bedeutete in Deutschland das Ende eines Provisoriums, das die meisten für einen Dauerzustand gehalten hatten. Was es nun heißt, eine Nation zu sein, die die Wahrung der eigenen Interessen nicht mehr anderen überlassen kann, dafür fehlt noch der Boden des Selbstverständlichen. Zumindest bietet dafür die »verhärtete Leugnung des Nationalcharakters«, von der Norbert Elias in seinen »Studien über die Deutschen«[12] gesprochen hat, keine gute Voraussetzung.

Eine andere Erklärung hebt darauf ab, daß in der internationalen Popkultur seit langem eine Tendenz zu einer mit rechtsradikaler Symbolik arbeitenden Ästhetik der Grausamkeit zu erkennen ist. Der Punk hat dem Pop dieses Register zugänglich gemacht. Schon 1977 sang Johnny Rotten von den »Sex Pistols«: »I don't want a holiday in the sun, I want to go to the new Belsen.« Gemeint war das KZ Bergen-Belsen, und die Platte hieß »Holidays in the Sun«. Vor dem Dada-Geist des Punk war auch die Welt des Nationalsozialismus nicht sicher. 1981 forderte die

12 Norbert Elias, Studien über die Deutschen. Machtkämpfe und Habitusentwicklung im 19. und 20. Jahrhundert, Frankfurt am Main 1989.

Gruppe »Deutsch-Amerikanische Freundschaft«: »Beweg deine Hüften, geh in die Knie und tanz den Mussolini. Und jetzt den Adolf Hitler ...« Dem Punk des »Sex Pistols« fühlen sich auch die »Böhsen Onkelz« verpflichtet. 1986 skandierten sie auf ihrem Album »Der nette Mann«: »Türken raus!« oder »Deutschland den Deutschen«. Das war deutscher Punk, und die »Onkelz« galten als »Fascho-Gruppe«. Heute versuchen sie, dieses Image loszuwerden, und gelten als die einzige Gruppe im rechten Spektrum, die über ein vermittelndes Potential verfügt. Mit der neuen Position ist indes ein quälender Relativismus verbunden, wie er sich etwa in dieser Sequenz ausdrückt: »Was ist verboten, was ist legal, was ist entartet, was ist normal?« Die militanten rechtsradikalen Gruppen kennen die Ironie, die im Namen der »Böhsen Onkelz« noch auftaucht, nicht mehr. Sie heißen »Störkraft«, »Kahlkopf«, »Volkszorn« oder »Endsieg«. Die Popkultur, die als Entstehungsbedingung für eine autonome Jugendsphäre jenseits jugendbewegter Idylle angesehen werden kann, ist nicht mehr selbstverständlich links oder libertinär eingestellt und sie garantiert kein jugendliches Weltbürgertum. Wenn Affektgenauigkeit über politischer Korrektheit steht, ist offen, wohin die Sache geht.

Aber weder die deutsche Einigung noch der Punk von rechts können erklären, warum ausgerechnet im August 1991 die Bewegung der Gewalt begann. Da war der Golfkrieg gerade beendet, der eine klare Botschaft enthielt: Es gibt Probleme zwischen Menschen und Völkern, die lassen sich mit Kommunikation nicht lösen. Von einem bestimmten Moment an muß gehandelt werden – auch wenn das Krieg bedeutet.

Vielleicht liegt hier einer der Gründe für die plötzliche Legitimierung von Gewalt als Mittel wilder Selbstbehauptung. Nachdem die deutsche Einigung glücklich über die Bühne gegangen war, sahen sich die Deutschen beinahe wieder in einen Krieg verwickelt. Noch einmal nahmen ihnen die Alliierten das Handeln ab, aber dafür mußten sie sich besonders von den Engländern, die sich an die Zeiten Churchills erinnert fühlten, den Vorwurf der Schwäche bei der Verteidigung der demokratischen Werte gefallen lassen. Die Deutschen, so hieß es, können nur zahlen, nicht kämpfen.

Den Golfkrieg kann man politisch und moralisch gewiß ganz unterschiedlich beurteilen – und es gab ja auch in Deutschland den Streit zwischen »Bellizisten« und »Pazifisten« –, fest steht wohl nur, daß Reden allein nicht mehr geholfen hätte. Die jugendlichen Gewalttäter scheinen daraus ihre Folgerungen gezogen zu haben. Nur hat das nichts mehr mit der Verteidigung von Werten zu tun, das bloße Schema der Gewalt ist übriggeblieben. Andererseits ist in der Reaktion auf den jugendlichen Rechtspopulismus die Frage nach dem »demokratischen Leviathan« aufgeworfen worden. Mit rechtsradikalen Straftätern, die die Geschäftsordnung unserer Republik gefährden, kann man nicht nur reden, da muß auch gehandelt werden. Gewalt, in diesem Fall staatlich monopolisiert und legitimiert, wurde von der im Prinzip immer noch links eingestellten kulturellen Mehrheit als Mittel zur Verteidigung der liberalen Demokratie bejaht. Damit hat der kommunikative Optimismus der alten Bundesrepublik ein Ende gefunden.

Der jugendliche Rechtspopulismus ist zugleich eine Folge und Ausdruck des Endes des Erlebnisjahrzehnts der achtziger Jahre. Folge insofern, als das Rechtssein in den achtziger Jahren in das jugendliche Spaßregister aufgenommen worden ist und sich zudem als Waffe im Generationenkampf bewährte. Erfolgreicher kann man aus der Generation der Kriegskinder stammende Lehrer nicht provozieren als durch zur Schau gestellte Uneinsichtigkeit, was den Nationalsozialismus betrifft. Andererseits unterbricht das rassistische Schema des Rechtsradikalismus das endlose Weitermachen mit dem Vertrauten und Bekannten. Mit einem Mal tritt die Unwahrscheinlichkeit der Bundesrepublik nach 1945 ins allgemeine Bewußtsein. Es wird deutlich, daß die liberale Demokratie nicht das logische Ende der Geschichte darstellt, sondern ein immer gefährdetes und niemals gesichertes Projekt, das im Zweifelsfall verteidigt werden muß.

Mit der »Geschichte« kehrte auch der »Mensch« zurück, dem der zwanglose Zwang des besseren Arguments völlig gleichgültig ist. Das Böse, ganz unmetaphysisch und ganz unästhetisch, ist wieder als grundlegende anthropologische Möglichkeit zu entdecken. Die liberale Demokratie kann sich freilich auf nichts anderem gründen als auf dem kommunikativen Paradigma. Aber der »Mensch« kann offensichtlich auch in dieser Hinsicht anders. Zum Glück erhöht die Einsicht, daß es keine universellen Garantien der Verständigung gibt, den Wert der Kommunikation.

Postskriptum (1999)

Die hier vorgeschlagene Interpretation, den Rechtsradikalismus im vereinten Deutschland wie eine soziale Bewegung zu betrachten, hat sich mittlerweile durchgesetzt.[13] Allerdings scheint sich diese Bewegung heute über Resonanz und Reaktionen in der Öffentlichkeit nicht mehr zu kümmern. Besonders in Ostdeutschland ist aus einer offenen Bewegung ein geschlossenes Milieu geworden. Für Bewegungstheoretiker ist ein solcher Rückzug und eine solche Radikalisierung in inklusiven Organisationen und exklusiven Gemeinschaften nicht ganz unerwartet,[14] doch das Ausmaß der abendlichen Inbesitznahme ganzer Ortschaften und Landstriche durch rechtsradikale Kreise um Berlin herum übersteigt das von solchen Theorien inspirierte soziologische Vorstellungsvermögen. Die Anzahl rechtsradikal motivierter Gewalttaten soll in Brandenburg zwar zurückgegangen sein, aber das könnte auch der Ausdruck einer Veralltäg-

13 Vgl. nur Kai-Uwe Hellmann und Ruud Koopmans (Hg.), Paradigmen der Bewegungsforschung. Entstehung und Entwicklung von neuen sozialen Bewegungen und Rechtsextremismus, Opladen 1998.

14 Etwa Hanspeter Kriesi, Organisationsentwicklung von sozialen Bewegungen, in: Forschungsjournal Neue soziale Bewegungen, 5. Jg., 1992, Heft 4, S. 85–93.

lichung eines entsprechenden sozialisatorischen Milieus sein. Die Ironie, mit der aus »atomwaffenfreien« nun »national befreite Zonen« werden, ist nur noch objektiv, in Wirklichkeit hat sich in den Jugendclubs, Schulen und an den Tankstellentreffs eine Atmosphäre drohender Gewalttätigkeit gegenüber denen, die aus irgendwelchen Gründen nicht ins Kollektiv passen, ausgebreitet. Es ist eine richtige rechte Gegenwelt aus Lebensstilelementen, Kommunikationschiffren und Assoziationscodes entstanden, die auch von »mobilen Einsatzgruppen gegen Gewalt und Ausländerfeindlichkeit« nicht mehr in Schach gehalten werden kann. Daraus erwächst der Demokratie keine Gefahr, weil dieselben jungen Leute, die sich zu rechtsradikalen Weltanschauungen bekennen, die Kunst des Wechselwählens und des Stimmensplittings so perfekt beherrschen, daß die politische Ordnung nie gefährdet ist. Nur im Alltag stellt diese kritische, radikale, provozierende und authentische rechte Jugendkultur eine wirkliche Gefahr für die Bürgergesellschaft dar.

Die Differenz nach der Einheit

Die deutsche Einigung ist von den Sozialwissenschaften als »forschungspragmatischer Glücksfall« (Claus Offe) begrüßt worden. In mindestens drei Hinsichten kann unsere neueste Geschichte als »natürliches Experiment« für die sozialwissenschaftliche Forschung betrachtet werden: Es läßt sich vor unseren Augen studieren, wie ein rapider sozialer Wandel abläuft, bei dem Handlungssicherheiten ihren Halt verlieren, soziale Netzwerke zerreißen und Zukunftserwartungen zusammenbrechen. Zugleich kann man verfolgen, was mit institutionellen Systemen passiert, die aus ihrem gesellschaftsgeschichtlichen Entstehungskontext herausgenommen und in eine für sie fremde Umwelt verpflanzt werden. Schließlich sind die schleichenden Rückwirkungen zu erkennen, die sich aus der plötzlichen Einverleibung eines anders gewachsenen Sozialgebildes in einen größeren Sozialverband ergeben.

Wer einzigartige Erkenntnischancen sieht, will in der Regel ein neues Forschungsfeld etablieren. Die Gelegenheit dazu war günstig. »Kommunismusexperten« und »DDR-Forscher« hatten offensichtlich bei der Voraussage des Zusammenbruchs der realsozialistischen Länder versagt, weshalb sich ganze Scharen von »instant specialists« berufen fühlten, neue Fragen zu stellen, vernachlässigte Dimensionen hervorzuheben und vor allem ein unbekanntes Erhebungsgebiet zu durchkämmen. So hat sich in den letzten fünf Jahren eine fast schon nicht mehr zu überblickende Transformationsforschung entwickelt, die sich nachhaltiger Förderung und wohlmeinender Aufmerksamkeit erfreut. »Transformation«, so Rolf Reißig in einem Versuch der theoretischen Systematisierung,[1] wird von einer Mehrheit der Sozialwissenschaftler heute als Sammelbegriff für die Charakterisierung der vielfältigen Umbruchs- und Wandlungsprozesse in den ehemals realsozialistischen Ländern, einschließlich der DDR, verwendet. Hinter dieser harmlosen Formulierung verbergen sich freilich heftige theoretische Kämpfe. Da gibt es eine links-aufgeklärte Variante der Transformationstheorie, die unter Hinweis auf massive Ausgrenzungsprozesse »überflüssiger« Populationen ihre prinzipiellen Zweifel an der Vereinbarkeit von Demokratie und Marktwirtschaft belegt. Konzepte einer »Differenz zwischen kapitalistischer und moderner Gesellschaft« (Hans-Peter Krüger) oder einer »doppelten Modernisierung im Osten« (Dieter Klein) sprechen für den Restglauben an den »dritten Weg« einer auf die ganze Menschheit bezogenen, bisher allerdings noch unbekannten »zivilisations-

1 Rolf Reißig, Transformation – Theoretisch-konzeptionelle Ansätze und Erklärungsversuche, in: Berliner Journal für Soziologie, Jg. 4, 1994, S. 323–343.

bewahrenden Moderne«. Die verschiedenen modernisierungstheoretischen Varianten setzen dagegen auf die langfristigen Effekte einer »nachholenden Modernisierung«. Sowohl Jürgen Habermas als auch Wolfgang Zapf sind sich darin einig, daß Modernisierung nicht einfach »Westernization« bedeuten kann. Denn in Geschichte und Gegenwart finden sie mehrere Wege zur Moderne, die sich in der Form der Verfassung, in der Art des Produktionsregimes und in dem Muster der sozialpolitischen Organisation deutlich voneinander unterscheiden. Aber das Ziel der Transformation ist doch bekannt: die Übernahme und Errichtung von modernen demokratischen, marktwirtschaftlichen, rechts- und wohlfahrtsstaatlichen Institutionen. Neben solch theoretisch dezidierten Positionen steht eine ganze Fraktion skeptisch und pragmatisch gesonnener Transformationsforscher, die mit politischem Instinkt und soziologischer Ungläubigkeit die Reetablierung von Institutionen und Interessen in der Politischen Ökonomie der Transformationsgesellschaften in den Blick nehmen. Es ist für Beobachter wie Gerhard Lehmbruch, Helmut Wiesenthal oder Roland Czada die besondere Mischung aus strategischen Interventionen und eigendynamischen Prozessen, woraus erstaunliche Entwicklungschancen im »neuen Osten« entstehen, die dann wieder auf den »alten Westen« zurückwirken. In diesem Zusammenhang ist auch eine latente Kontroverse zwischen den fortgeschrittenen Kadern aus Ostdeutschland über das Wesen der untergegangenen DDR von Interesse. So hat Frank Adler die innere Verfaßtheit der DDR auf die Zentralisierung und Monopolisierung gesellschaftlicher Macht in einer »Spitze« zurückgeführt.[2] Die notwendige Kehrseite des von Partei und Staat gebildeten »Monosubjekts« sei die enteignete, entmachtete, amputierte und gespaltene Subjektivität des großen Rests der Gesellschaft gewesen. Gegen dieses gleichermaßen denunziatorisch wie exkulpatorisch verwendbare Bild einer »entsubjektivierten« Masse sucht Michael Thomas die »kleinen Lebenswelten« (Benita Luckmann) des DDR-Bürgers als Ort von Geschichte und Eigensinn stark zu machen.[3] Die berühmten sozialen Netzwerke in der DDR, so sein Blick nach vorn, könnten eine Brückenfunktion für neue soziale Rollenzumutungen bilden. Verteidigt wird ein Sitz im Leben, von dem aus die »gelernten DDR-Bürger« in die alltäglichen Kämpfe der »Sozialintegration« nach dem Wechsel der »Systemintegration« ziehen. Was damals ein Rückhalt für »kreative Stornierungen« (Ulf Matthiesen) gewesen ist, könnte heute den lebensweltlichen Hintergrund für eigendynamische Transformationsprozesse darstellen.

Aber was hat die Transformationsforschung jenseits solch grundsätzlicher Weltbilddifferenzen bisher für das Verständnis des Prozesses der deutschen Einigung gebracht?

---

2 Siehe etwa Frank Adler, Zur Rekonstruktion des DDR-Realsozialismus, in: Michael Thomas (Hg.), Abbruch und Aufbruch. Sozialwissenschaften im Transformationsprozeß, Berlin 1992, S. 36–59.

3 Michael Thomas, Die Wirkungsmacht sozialer Beziehungen im deutsch-deutschen Transformationsprozeß, in: BISS public, 1993, Heft 11, S. 97–106.

Der erste und wichtigste Tatbestand, mit dem wir es in der neuen Bundesrepublik zu tun haben, scheint mir noch nicht richtig begriffen worden zu sein. Das ist die Wiedererstehung der Differenz nach der Einheit. Die wechselseitigen Ethnisierungen von »Ostlern« und »Westlern« sind nach einem halben Jahrzehnt nicht weicher und nachsichtiger, sondern härter und erbitterter geworden. Der von Freud beschriebene Mechanismus der Nachträglichkeit scheint auch für die gesellschaftliche Konstruktion der Wirklichkeit zu gelten. Wir kennen das Phänomen aus der Dynamik zwischenmenschlicher Beziehungen: Je näher man sich kommt, um so mehr entsteht der Wunsch, sich voneinander abzugrenzen. Jeder greift auf eine dem anderen unzugängliche Vergangenheit zurück, aus der Vorstellungen des ganz und gar Eigenen und Geheimen geschöpft werden. Besonders derjenige Partner, der sich in der unterlegenen Position fühlt, wird zu nachträglichen Verschönerungen und Verklärungen bestimmter Perioden und Erlebnisse seines Vorlebens neigen und dabei unangenehme, mißliche und beschämende Aspekte beiseite schieben. Denn es geht in der aktuellen Beziehung um die Sicherung von Handlungsautonomie angesichts von Machtasymmetrie. Dieser Zusammenhang erklärt vielleicht, warum besonders unter den »Beitrittsdeutschen« sich gerade nach der deutschen Einigung die Vorstellungen einer »ostelbischen Gemeinschaft« vermehrt haben.[4] In der Transforma-

4 Um nur einen Hinweis aus der für die Rekonstruktion von Mentalitäten sonst sicher überschätzten Umfrageforschung zu zitieren: Die

tionsforschung wird dafür der Begriff der »nachholenden Abstandsnahme« (Michael Schlese) verwendet.[5] Das ist freilich nicht nur als eine Dramatisierung der eigenen Selbstwahrnehmung zu verstehen, sondern wirklich als nachträgliche Entstehung einer Gesellschaft nach dem Untergang des Staats der DDR. So paradox das klingen mag: In den schönen Zeiten, als für die DDR-Bürger die Bundesrepublik noch als ihre über Westfernsehen vermittelte imaginäre Referenzkultur fungierte, waren wir uns möglicherweise näher als heute.

Das Unterlegenheitsgefühl der Ostdeutschen hängt allerdings nicht allein und womöglich nicht primär mit der Erfahrung einer »Kolonisierung« durch die Westdeutschen zusammen. Man muß hier auch über ein Problem der »nationalen Ehre« sprechen, das mit der Art und Weise des Systemwechsels zu tun hat. Im Prozeß der staatlichen Einigung in den Jahren 1989 und 1990 hatte die DDR-Mehrheit ihr Schicksal in die Hand der politischen Elite der Bundesrepublik gelegt. Anders als in den Vergleichsländern des früheren Ostblocks existierte in der DDR keine starke Gegenelite, die als Sprachrohr der zum Beitritt prinzipiell bereiten Gesellschaft in den deutsch-deutschen Aushandlungen hätte auftreten kön-

---

Akzeptanz für die Aussage »Wir sind ein Volk« ist in Ostdeutschland von 45 Prozent im November 1990 auf 28 Prozent im Juli 1994 gesunken.

5 Vgl. Peter Pawlowski / Michael Schlese / Florian Schramm, Das Transferparadox. Zum Szenario des gesellschaftlichen Wandels in Ostdeutschland. Forschungsstelle Sozialökonomik der Arbeit, Freie Universität Berlin 1992.

nen. Helmut Wiesenthal[6] weist in diesem Zusammenhang auf die Besonderheiten der Systemkonfrontation in Deutschland hin, die dafür verantwortlich sind, daß die Opposition in der DDR sich allenfalls in weltanschaulicher Radikalität, nie jedoch mit dem Anspruch auf politische Reformen äußern konnte. Sie wäre sofort zum Staatsfeind erklärt worden, der die einzige sozialistische Gesellschaft auf deutschem Boden zerstören wollte. Aufgrund dieser inneren Unmöglichkeit einer folgenreichen Systemopposition in der DDR fehlte dem ostdeutschen Transformationprozeß von Anfang an ein durch Opposition und Dissidenz im alten System legitimierter Akteur. So blieb der DDR-Mehrheit nur, was Klaus von Beyme auf die drastische Formel von 1945 bringt: »unconditional surrender«.

Abgesehen von dieser verborgenen sozialpsychologischen Dynamik hat das Spiel mit der Differenz eine ganz handfeste Interessenseite. Das leichtfertig zum Staatsziel erhobene Prinzip der Einheitlichkeit der Lebensverhältnisse hat Ostdeutschland im nachhinein gewissermaßen als Akteursfiktion ins politische Spiel der neuen Bundesrepublik gebracht. Der wichtigste Aushandlungsgegenstand in diesem Spiel sind drohende Gefahren. Wenn der Westen, so die Forderung, nicht in bisherigem Maße bereit ist, den Osten zu alimentieren, dann ist zwischen Werra und Oder mit Rechtsradikalismus, kollektiver Verstocktheit und noch anderen, möglicherweise gefähr-

6 Helmut Wiesenthal, Institutionelle Dynamik und soziale Defensive, in: BISS public, 1993, Heft 11, S. 5–24.

licheren Formen sozialer Defensive zu rechnen, was dann die Bundesrepublik als ganze in Mißkredit bringen und in Unruhe versetzen wird. Außerdem darf man nicht vergessen, daß die geschürte Erwartung nach »Vollendung der inneren Einheit« durchaus mit politischer Sanktionsmacht ausgestattet ist. Schließlich können ein Fünftel der Wähler in Deutschland den Machtwechsel bewirken.

Nun darf man die Rückführung sozialer Konstruktionen auf aktuelle Handlungs- und Beziehungschancen nicht zu weit treiben. Natürlich kommen die Ostdeutschen mit spezifischen Verhaltensprägungen durch das vierzigjährige System der DDR in die neue Bundesrepublik. Dies verweist die Transformationsforschung auf eine Analyse der strukturellen Merkmale und des sozialgeschichtlichen Wandels der DDR als einem besonderen Typ realsozialistischer Gesellschaften. Es sind vier Dispositive, die in den verschiedenen Beschreibungen der ostdeutschen Ausgangsgesellschaft zum Tragen kommen.

Da ist zunächst die nachdrücklich von M. Rainer Lepsius hervorgehobene funktionale Entdifferenzierung und institutionelle Fusionierung unter dem »Primat der Politik«.[7] Im institutionalisierten Machtmonopol der SED kam die sozialistische Gesellschaft auf ihren realen Begriff. Denn die unter modernen Bedingungen verselbständigten Rationalitätskriterien des Rechts, der Wirt-

7 Vgl. M. Rainer Lepsius, Die Institutionenordnung als Rahmenbedingung der Sozialgeschichte der DDR, in: Hartmut Kaelble/Jürgen Kocka/Hartmut Zwahr (Hg.), Sozialgeschichte der DDR, Stuttgart 1994, S. 17–30.

schaft, der Politik oder der Wissenschaft fanden ihre letzte Rechtfertigung im zentralen Willen des parteilichen Volkes. Das berührte vor allem die alltägliche Erfahrung rechtlicher Zulässigkeit und wirtschaftlicher Effizienz. Für Unrecht wie für Mißwirtschaft konnte die allzuständige Partei verantwortlich gemacht werden. So bestärkte das sozialistische Gesellschaftsmodell noch in seinem Scheitern den Glauben an eine politische Verursachung aller gesellschaftlichen Leiden und Mängel. Die Folge davon ist eine tiefe Konditionierung für Verschwörungstheorien und Machbarkeitsphantasien, die im Fall von Enttäuschungen die Suche nach dem Sündenbock nahelegen. Unterschätzen sollte man andererseits nicht die kompensatorisch ausgebildeten Kompetenzen des informellen Durchkommens. Mal zeigte man sich bereit, durch unkonventionelle Anpassungs- und Überbrükkungsmaßnahmen die Elastizität der Produktion zu sichern, mal entzog man sich gesteigerten Anforderungen durch Einklage der politisch gesetzten Normen. In unseren komplexen, fließenden und »lose gekoppelten« Betriebsbürokratien ist dieses ambivalente soziale Geschick wahrscheinlich wichtiger als ein hochgestochenes modernes Differenzbewußtsein.

Als ein zweites Merkmal der DDR-Gesellschaft wird die Bedeutung des Betriebs als Vergesellschaftungskern herausgestrichen. Betriebe waren mehr als Produktionsstätten, sie waren soziale Orte alltäglicher Versorgungsleistungen. Die Betriebe organisierten die Kinderaufbewahrung, die berufliche Fortbildung, die medizinische Versorgung, die Betreuung in der Freizeit oder den Aufenthalt in den Ferien. Das deutet auf eine ganz andere Schematisierung der Differenz zwischen öffentlichen und privaten Dingen hin, die dem Mitglied einer westlichen Zivilgesellschaft schon eigentümlich vorkommt. Arbeits- und Produktionsbrigaden waren als Sozialisationsgemeinschaften gedacht, die Arbeiten, Lernen und Leben in Einklang bringen sollten. Die Betriebsgemeinschaft beruhte im übrigen auf der starken Stellung der Beschäftigten, die einerseits faktisch unkündbar waren und für die wegen der geringen Lohndifferenzierung kaum Anreize zum beruflichen Aufstieg bestanden, ohne deren freiwillige Leistungen aber andererseits kein Plan zu erfüllen war. Jörg Roesler spricht von einem informellen »Lohnhandel« zwischen Beschäftigten und Betriebsleitung.[8] Schließlich liefen über den Betrieb die Tauschnetzwerke, über die man sich die in der sozialistischen Mangelwirtschaft begehrten Güter beschaffte. Was die Partei für die Gesamtgesellschaft war der Betrieb für die konkrete Lebenswelt: zentrale Organisationseinheit und sozialer Ort für den realsozialistischen Vergesellschaftungsmodus einer Fusion verschiedener Funktionen und Sphären unter dem »Primat der Politik«.

Eine weitere mentalitätsprägende Auffälligkeit der DDR-Gesellschaft betrifft die Familie. In dieser Hinsicht scheint der reale Sozialismus von radikaler Modernität gezeichnet gewesen zu sein. Die Politik systematischer

---

8 Jörg Roesler, Die Produktionsbrigaden in der Industrie der DDR. Zentrum der Arbeitswelt?, in: Kaelble/Kocka/Zwahr (Hg.), a. a. O. (Fn. 7), S. 144 – 170.

Enteignungen des Besitzbürgertums nahm der Familie die Funktion der Weitergabe von materiellem Kapital an die nächste Generation. Die Vererbung sozialer Positionen konzentrierte sich daher auf das »Kapital« sozialer Beziehungen und kultureller Bildung. Die kleinliche Pflege des »kulturellen Erbes« innerhalb einer protestantisch-asketischen Scheinkultur der Arbeiterbewegung diente einer dominierenden Schicht der Intelligenz als Ersatz für die weggefallenen privaten Vermögen. Martin Kohli hat indes zu Recht darauf hingewiesen,[9] daß in allen unseren Gegenwartsgesellschaften die Familien mehr und mehr den Weg über das Bildungssystem nehmen müssen, um ihren sozialen Status in der Generationenfolge zu sichern. Mit der Ausweitung des staatlichen Zugriffs auf die Nachkommen in Gestalt von Schule, Militär und Jugendverbänden verstärkte die DDR lediglich diese systemspezifische Umstellung in der Reproduktion moderner Gesellschaften. Aber wie immer schlug hier die Dialektik der Modernisierung um so stärker zu. Unter dem Diktat des realsozialistischen Lebenslaufsregimes stabilisierte sich die Familie als Ort des Rückzugs vor politisch-gesellschaftlichen Zumutungen und als logistische Zentrale für die ausgeprägten Subsysteme persönlich-instrumenteller Beziehungen, mittels derer Sonderberechtigungen zu erlangen und Umgehungswege zu finden waren. So verbesserte man bekanntlich durch frühe

---

9 Martin Kohli, Die DDR als Arbeitsgesellschaft? Arbeit, Lebenslauf und soziale Differenzierung, in: Kaelble/Kocka/Zwahr (Hg.), a.a.O. (Fn. 7), S. 31–61.

Heirat und frühe Geburten seine Aussicht auf die Zuteilung einer eigenen Wohnung. Wenn man sich diese Zusammenhänge vor Augen führt, muß man sich über die dramatischen Rückgänge von Eheschließungen und Geburten in Ostdeutschland seit 1990 nicht mehr wundern.

Zum Verständnis der plötzlichen, geradezu beängstigend friedlich verlaufenden Implosion der DDR ist ein vierter Punkt entscheidend: der sukzessive Verlust von innerer Legitimität des sozialistischen Neuanfangs nach 1945 in der historischen Generationenfolge. Karl Ulrich Mayer hat den Weg von der Öffnung zur Schließung der Aufstiegskanäle in der Sozialgeschichte der DDR nachgezeichnet.[10] Der Grad der Generationenungleichheit war in der DDR deshalb besonders hoch, weil die politische und ökonomische Diskontinuität so groß war. Die von Hitlerjugend, Krieg und Niederlage geprägte Generation der zwischen 1920 und 1930 Geborenen erlebte die DDR in den fünfziger und frühen sechziger Jahren als offene Aufstiegsgesellschaft, selbst die nach 1940 Geborenen, die zwar in der Kinderkrippe, im Hort, in der Schule und beim Militär die unangenehmen Seiten der Erziehung zum »neuen Menschen« mitbekommen hatten, konnten sich in den späten sechziger Jahren noch von der Partei

---

10 Vgl. Karl Ulrich Mayer, Vereinigung soziologisch: Die soziale Ordnung der DDR und ihre Folgen, in: Berliner Journal für Soziologie, Jg. 4, 1994, S. 307–321. Sowie Karl Ulrich Mayer / Heike Solga, Mobilität und Legitimität – Zum Vergleich der Chancenstrukturen in der alten DDR und der alten BRD oder: Haben Mobilitätschancen zu Stabilität und Zusammenbruch der DDR beigetragen?, in: Kölner Zeitschrift für Soziologie und Sozialpsychologie, Jg. 46, 1994, S. 193–208.

hofiert und durch die vielfältigen Möglichkeiten zum Bildungs- und Qualifikationsaufstieg begünstigt fühlen. Für die nach 1955 Geborenen jedoch wurde das Leben eng. Der Anteil der Studienanfänger am jeweiligen Geburtsjahrgang wurde in den siebziger Jahren, in denen in der Bundesrepublik die Bildungsreform einen weiteren Schub erhielt, von 17 Prozent im Jahre 1970 auf 11 Prozent im Jahre 1980 gedrosselt. Der pragmatisch gefügigen »Durchhaltegeneration« (Hartmut Zwahr) des sozialistischen Aufbaus folgte die durch die verpaßte Chance des »Prager Frühlings« gezeichnete »Volker-Braun-Generation« – und danach könnten sich Generationsbezeichnungen nur noch an Namen wie Sascha Anderson oder Katrin Krabbe heften. Aber über allen thronten bis zuletzt die erstarrten Repräsentanten der Weimarer Generation, denen das Definitionsmonopol über den deutschen Sozialismus nie aus der Hand genommen worden ist. Als dann die jungen Familien, denen es offenbar nicht schlechtging und die auch nicht von der Stasi verfolgt worden waren, über Ungarn einfach das Land verließen, fiel das ganze Legitimationssystem des realen Sozialismus in sich zusammen. Mit ihrem stummen Austritt aus der DDR war die Periode eines antifaschistischen Gesellschaftsprojekts nach 1945 beendet.

Es bleiben zwei erfahrungsgeschichtliche Tatsachen, die den Osten und den Westen Deutschlands noch lange atmosphärisch trennen werden. Die eine bezieht sich auf die in der DDR immer und überall gegenwärtig gewesene Frage der Auswanderung in den Westen. Dazu muß man wissen, daß Ostdeutschland seit Beginn des Zweiten Weltkriegs etwa ein Viertel seiner Stammbevölkerung durch Auswanderung verloren hat. Während in Westdeutschland vielleicht ein Drittel Verwandte in der DDR hatte, hatten vermutlich über zwei Drittel der DDR-Bürger Familienbeziehungen in den Westen. Lutz Niethammer[11] sieht als Folge davon ein in breiten Schichten Ostdeutschlands wirkendes spezifisches Verlassenheitssyndrom. Die Dagebliebenen kommen sich wie die Dummen vor, die den Schritt in die Freiheit und den Reichtum nie gewagt haben, und sie wissen nicht, wohin mit ihrer latenten Aggression gegen die Ausgereisten und die Westdeutschen. Der andere erfahrungsgeschichtliche Komplex betrifft die Involvierung der Gesellschaft in die Erhaltung der Staatssicherheit der DDR. Bei aller nüchternen Betrachtung der Stasi als einem Instrument nicht nur der Repression und Zersetzung, sondern zugleich der Informationsbeschaffung oder gar der »präventiven Sozialsteuerung« in der geschlossenen Staatsgesellschaft der DDR erinnern die Opfer an eine miese Spur des menschlichen Verrats unterhalb der Schwelle nachweisbarer Vergehen oder Verbrechen. Der sofortige Hinweis auf die deutsche Gemeinsamkeit des Nationalsozialismus hilft da wenig. Die Geschichte ist zwar im Einzelfall der Täter, wie die Beispiele von Ibrahim Böhme oder Wolfgang Schnur belegen, tragisch. Aber daß es diese Vergangenheit gab, damit muß das ehemalige Volk der DDR allein zurechtkommen.

---

11 Lutz Niethammer, Erfahrungen und Strukturen. Prolegomena zu einer Geschichte der Gesellschaft der DDR, in: Kaelble / Kocka / Zwahr (Hg.), a. a. O. (Fn. 7), S. 95–115.

Empörung ohne Moral

Vorbemerkung (1999)

Wer heute nach Rostock kommt, findet eine reizvolle Hafenstadt in restaurierter Backsteingotik und mit einem modernen Intercity-Hotel vor. Man kann sich gar nicht vorstellen, daß sich hier im Stadtteil Lichtenhagen auf dem Höhepunkt der Vereinigungskrise von 1992 ein schreckliches Spektakel zutrug. Ganze Siedlungsteile mit Plattenbauten sind grunderneuert, und im Backshop an der Ecke wird man mit derselben Freundlichkeit bedient wie in Herne oder Bielefeld. Für den Soziologen, der immer nach den beständigen Formen des Lebens und den festgefügten Verhältnissen der Wertschätzung sucht, ist der plötzliche Ausbruch kollektiver Affekte und die spontane Assoziation der Leute zu einem wilden Mob und zu einer haßerfüllten Meute ein ebenso bestürzender Tatbestand wie für die meisten Zeitungsleser und Fernsehzuschauer, die mit Ekel oder Kopfschütteln auf die Berichterstattung von solchen unappetitlichen Vorgängen reagieren.

Man muß die seriösen Formen der Moral von den populären der Empörung unterscheiden. Zwar handelt es sich in beiden Fällen um Reaktionen auf wahrgenommene Ungerechtigkeiten, doch ist die jeweilige Haltung eine ganz andere. Der Moralische unterwirft sich dem Blick des Gesetzgebers und zeigt sich zur beharrlichen Suche nach weiterreichenden Regeln und höherstufigen Begründungen bereit. Der Empörte dagegen folgt einer starken Regung und richtet sich nach den Ausschlägen kollektiver Resonanz. Moral wirkt seriös, weil sie sich den Zwängen systematischer Rechtfertigung unterstellt; Empörung ist populär, weil sie immer das Gefühl vermittelt, im Recht zu sein, aber nie den Anlaß der Erregung überdauert. Gleichwohl sind die Praktiken der Empörung alles andere als folgenlos. Die empörte Menge ist in der Stimmung rasender Vergeltung und wahlloser Rache zu schrecklichen Entgleisungen fähig. Aber nachher will es niemand gewesen sein. Denn es gab keine Strategie und keine Entscheidung, sondern nur einen Traum unverlierbarer Rechte und ein Gefühl absoluten Triumphs.

So hat Jules Michelet [1] über die berühmte Episode der Septembermorde während der Französischen Revolution berichtet. Der Auslöser für den Aufruhr war die Nachricht von der Gefahr von Verdun. Es entstand ein Gerücht, wonach durch den massenhaften Abzug von bewaffneten guten Revolutionären an die Front sich Paris entblößen würde und dadurch die Gelegenheit für eine

---

1 Jules Michelet, Geschichte der französischen Revolution, Band 5, Wien/Hamburg/Zürich o.J.

konterrevolutionäre Erhebung mit den Gefängnissen als Zentren geschaffen werden sollte. Das erregte Volk bewegte sich daraufhin in mörderischer Panik zu den Gefängnissen, die damals voll waren mit den Verteidigern der Tuilerien. Diese hatten am 10. August 1792 verloren, weil der König der Schweizer Garde den Befehl gab, das Feuer nicht zu eröffnen. Michelet stellt bis ins einzelne dar, wie die Führer der Revolution zwischen Anreizung und Beschwichtigung des Volkszorns hin- und herschwankten. Als das Massaker am 2. September 1792 ausbrach, zeigte die Menge noch Anzeichen von Scheu. Diejenigen, die weder Schuhe noch Strümpfe besaßen, schauten neidisch auf die Fußbekleidung der toten Adeligen, wagten aber nicht, sich ohne Ermächtigung und Billigung zu bedienen. Doch am nächsten Tag war das Morden bereits eine Sache des Vergnügens und der Belustigung geworden. Hatten die Leute erst einmal getötet, so vergaßen sie sich selbst und wollten immer weiter töten. »Heute muß man ein Ende machen!« lautete der Schlachtruf der Menge. Darunter verstand sie nicht nur den Tod der Adeligen, sondern das Aufräumen mit allem Schlechten und Schmutzigen. Nichts, was gefährlich sein konnte, sollte entkommen. Man wollte Paris reinigen. Vor allem Diebe, Spieler, Falschmünzer und Straßenmädchen mußten daran glauben.

Der grausamste Akt des Schauspiels ereignete sich dann am 4. September. Die Massen zogen aus Paris, um das Schloß von Bicêtre anzugreifen, wo sich außer den normalen Kriminellen viele vom Ancien régime Ausgestoßene befanden: Wahnsinnige, Armenhäusler, Greise und Diener, die auf ein Wort ihres Herrn hin eingesperrt worden waren. Bicêtre glich der Bastille – mit dem Unterschied, daß die Festung diesmal voll war und die Massen kamen, um zu morden anstatt zu befreien. Ein Haufen Männer hielt auf halbem Wege beim Schloß der Salpêtrière an, was eine ähnliche Institution für Frauen und Prostituierte war. Sie töteten ungefähr 35 Frauen, von denen 30 Straßenmädchen waren. Besonders gegen die jungen und hübschen Mädchen richtete sich nach Augenzeugenberichten der patriotische Zorn. In Bicêtre stieß die Menge auf eine in der »Besserungsanstalt« verwahrte Gruppe kleiner Jungen. Sie tötete etwa dreißig von diesen mißhandelten und traktierten Kindern. So fand der Rausch der Gerechtigkeit seine unschuldigen und wehrlosen Opfer.

Manchmal bedarf es nicht einmal der revolutionären Lizenz und der schrittweisen Lockerung der Aggressionshemmung. Wie Carlo Levi in seinem dokumentarischen Roman über die Bauern in Lukanien[2] beschrieben hat, reicht ein einzelner Zwischenfall für die Ansteckung der Volkswut. Ein tiefer Gerechtigkeitssinn wird angetastet, und die Rache des Volkes greift um sich. Plötzlich bricht ein alter, starker, heimlicher Groll durch, und aus sanften, resignierten und passiven Menschen wird im Handumdrehen eine von düsterer Entschlossenheit und zielsicherer Verzweiflung gezeichnete Empörungsmenge, die Finanzämter und Carabinierikasernen ansteckt und alle ermordet, die sie als Herren wahrnehmen. Für einen

2 Carlo Levi, Christus kam nur bis Eboli, München 1982.

kurzen Augenblick kommt eine furchtbare, blutige Freiheit an den Tag, die mit unlenkbarer Wut zuschlägt. Dahinter stecken Demütigungen langer Dauer, die hier und jetzt Vergeltung fordern. Wenn die Explosion der Ehre und des Stolzes vorbei ist, wandern die Bauern gleichmütig ins Gefängnis, als habe sich in einer Sekunde Luft gemacht, was seit Jahrhunderten darauf wartete.

Empörungen sind offenbar schwer unter Kontrolle zu bekommen. Sie scheinen sich zufälliger Anlässe zu bedienen und niederer Motive zu verdanken. Im Zustand der Empörung sind weder die einzelnen noch die Menge zugänglich für Überlegungen, was die Auswahl der Schuldigen und die Verhältnismäßigkeit der Mittel betrifft. Man muß warten, bis sich die Strafwut befriedigt und die Erregung gelegt hat. Trotzdem entsteht die Empörung nicht aus dem Nichts. Man kann durchaus typische Auslösesituationen für Empörung identifizieren, in denen Wut und Zorn empfunden werden, weil jemand eine grundlegende soziale Regel verletzt hat. Das kann unmittelbar und direkt passieren, wenn der Empörte selbst davon betroffen ist, oder stellvertretend, wenn dieser Zeuge einer solchen Regelverletzung geworden ist.

In diesem Sinne hat Michelet die Septembermorde erklärt. Aus den Untersuchungen, die später gegen die Aufständischen eingeleitet wurden, ist bekannt, daß weniger die derben Leute aus dem Süden noch dumpfe Metzgergesellen und hinterlistige Friseurgehilfen den grausamen Kern der Meute bildeten, sondern in der Hauptsache kleine Geschäftsleute aus einem ganz bestimmten Distrikt der Hauptstadt: Uhrmacher, Limonadenhändler,

Obstverkäufer, Kistenmacher, Bäcker. Sie fühlten sich als die eigentlichen Opfer der völligen Stockung des Handels, der Schließung der Läden und des allgemeinen Durcheinanders der Verhältnisse. Diese Leute hatten drei Jahre gewartet, daß die Revolution ein Ende nehmen würde, sie hatten dann eine Zeitlang geglaubt, daß der König die Dinge doch noch richten würde, aber die Verwirrung nahm immer weiter zu. »Der Arbeiter«, notiert Michelet, »erträgt oft den Hunger besser als der Ladenbesitzer den Konkurs.« Es ist die Wut über unbelohnte Anstrengung, die sich in die Feindseligkeit gegenüber denen umsetzt, die sich offenbar ohne Arbeit ein schönes Leben machen. Außerdem fühlt man sich von denen provoziert, die wie die Straßenmädchen und die Schwachsinnigen auf die Mühe der Affektkontrolle pfeifen. Unter Berufung auf eine ökonomische Theorie menschlichen Verhaltens könnte man sagen: Ein sich als zwecklos erweisender Aufwand an Wohlverhalten und Selbstdisziplinierung erscheint leicht als höchst unfair und versetzt die um ihre Gewinnerwartung Betrogenen in Rage.

Neben diesen auf vergebliche Arbeitsmühen und zwecklose Lebensinvestitionen bezogenen Empörungsanlässen hat Barrington Moore in seiner großen Untersuchung über das Gefühl von Ungerechtigkeit[3] noch zwei weitere Gründe für den plötzlichen Ausbruch kollektiver Wut herausgefunden: Gefühle von Ungerechtigkeit, die sich auf Disproportionalitäten bei der allgemeinen Gü-

---

3 Barrington Moore, Ungerechtigkeit. Die sozialen Ursachen von Unterordnung und Widerstand, Frankfurt am Main 1987.

terverteilung und solche, die sich auf Schwächen der gesellschaftlichen Autorität beziehen. So sind Parteifunktionäre, Beamte und Intellektuelle klassische Objekte von Empörung. In diesen Fällen beziehen sich die Ausbrüche des populären Zorns auf grundlegende Vorstellungen distributiver Gerechtigkeit. Denn fragwürdig bei diesen Geistes- und Disziplinarbeitern ist die gesellschaftliche Nützlichkeit ihrer Dienstleistung und der damit zusammenhängende Zweifel an der angemessenen Belohnung ihrer merkwürdigen Tätigkeiten. Man vermutet ein ungerechtfertigtes Überordnungsstreben, was dem allgemeinmenschlichen Postulat der Gleichheit innerhalb der gerechtfertigten Ungleichheit bei der gesellschaftlichen Verteilung von Reichtum, Macht und Ansehen zuwiderläuft. Wer viel arbeitet, soll auch viel verdienen. Aber wer nur kommandiert und räsoniert, dem steht von Rechts wegen gar nichts zu – jedenfalls sollte er froh sein über das, was ihm großzügigerweise zugeteilt wird. Frustrationen über mangelnde Verteilungsgerechtigkeit machen sich gewöhnlich nicht an den wirklich Reichen, Mächtigen und Prominenten fest, sondern mit Vorliebe an denen, die als heimliche Nutznießer und selbstgerechte Schmarotzer der gesamtgesellschaftlichen Arbeitsanstrengung angesehen werden. Empörend sind Abgeordnetendiäten und Beamtenpensionen, nicht die Einkünfte von Investmentbankern und Fußballstars.

Die hauptsächlichen Empörungsanlässe beziehen sich freilich auf die Vollzugsformen gesellschaftlicher Autorität. Es geht hier um bestimmte Arten des Vertragsbruchs, was die Reziprozität der Macht betrifft. Empörend wirken die Verletzung der Regeln für die Auswahl des repräsentativen Personals, der Mißbrauch von Befugnissen durch eingesetzte Herrschaftsfiguren und das Versagen bei der Aufgabenerfüllung durch die politischen Führer. Eine diffuse Strafwut macht sich breit, wenn die Leute sich um die Gegenleistung für ihren Loyalitätsvorschuß betrogen fühlen. Legitime Herrschaft beruht auf der Rhetorik einer gegenseitigen Verpflichtung zwischen Beherrschten und Herrschenden. Wahrgenommene Verletzungen der politischen Reziprozitätsnorm können bis heute zu heftigen Empörungsexplosionen führen. Berichte über verschwiegene Seilschaften, korrupte Geschäfte und militärische Schlappen liefern die Zündung für eine nationale Empörungswoge, die immer neue Informationen über das schmutzige Geschäft der Politik an den Tag bringt. Es ist das Gefühl des Verrats, das das Volk in den Zustand einer ursprünglichen Souveränität versetzt. In der Stimmung der Empörung imaginiert sich das Volk für diesen einen Moment als Grund und Quelle des Ganzen.

Allerdings darf man sich vom Bild des spontanen Aufruhrs nicht täuschen lassen. Die Empörung stabilisiert sich über Delegationen in Helden, Idolen und Heiligen. Eric J. Hobsbawm hat die Geschichte des Sozialbanditentums rekonstruiert und ist dabei auf die drei Typen des edlen Räubers, des Widerstandskämpfers und des Rächers gestoßen.[4] Robin Hood ist der Urtyp des heroischen Beschützers, der die subversive Version von der

4 Eric J. Hobsbawm, Die Banditen, Frankfurt am Main 1972.

Utopie des guten Herrschers darstellt. Der edle Räuber hat seine Banditenkarriere als Opfer einer Ungerechtigkeit begonnen, und er macht vergangenes Unrecht wieder gut, indem er von den Reichen nimmt, um den Armen zu geben. Er tötet nur zur Selbstverteidigung und in berechtigter Rache, und er kehrt, falls er seine Brigantenexistenz überlebt, in den Kreis der ehrenwerten Bürger zurück. Er kann daher selbstverständlich auf Bewunderung und Unterstützung in seinem Volk rechnen. Er stirbt stets und ausschließlich infolge eines niederträchtigen Verrats, aber er bleibt in der Welt der populären Mythen trotzdem unsichtbar und unverwundbar, und er erweist sich als Feind der lokalen Herrenschicht am Ende als der wahre Freund des Königs. Robin Hood ist die Ikone einer guten heilen Welt, an der man sich als Gegenbild zu einer Lebensweise der Erniedrigung hochzieht.

Dagegen sind die von Hobsbawm so genannten Heiducken militante Widerstandskämpfer, die sich als freie, bewaffnete und kampfbereite einzelne für den Raub und gegen die Armut entschieden haben. Sie stellen ein Auffangbecken für Ausgestoßene und Geächtete dar und bilden soldatische Organisationsstrukturen aus. Die Heiducken repräsentieren nicht das Wunschbild einer geschützten und gerechten Welt, sondern sie werden als Ausdruck einer kompakten Gegenmacht bewundert. Sie sind männlich, wild und mutig und bedeuten eine Herausforderung für die Obrigkeit, die diese ernster nehmen muß als einige vereinzelte Robin Hoods.

Ist die Empörung im edlen Räuber illuminiert und in den terroristischen Gruppen der Heiducken organisiert, so tritt in der Gestalt des Rächers der Todestrieb in der Empörung hervor. Die magische Kraft des Rächers kommt von seiner Erbarmungslosigkeit. Die besten Banditen müssen beweisen, daß sie schrecklich sein können, da die Rache für die ewige Geschichte der Demütigung untrennbar mit Grausamkeit verbunden ist. Die Rächer exekutieren die Sozialjustiz der Vernichtung und schrekken dabei, um ein besonders grauenhaftes Beispiel zu nennen, vor der Zerstückelung von Gefangenen zur Unterhaltung der müden Kameraden nicht zurück. Sie besitzen kein positives Programm, sondern agieren ungezähmte Vergeltungssucht und totale Rache. Hier mischt sich das Faszinierende mit dem Fürchterlichen, weshalb sich in der Erinnerung des Volkes der Rächer mit dem Heiligen berührt. Die populäre Poesie spricht einerseits vom »Mörder aus purer Lust« und preist bei ihm andererseits »Sanftmut, Milde und Brot«. Die Empörung enthüllt in dieser heroischsten Gestalt des Sozialbanditen ihren affektiven Kern: Ihren höchsten Triumph erlebt die Empörung in einer Revolution der Zerstörung, die eine Welt der Erniedrigung und des Verrats in Schutt und Asche legt.

Vielleicht lassen sich unsere Schilderungen über Empörungsverläufe, Empörungsanlässe und Empörungsdelegationen in einer Art Phänomenologie der Empörung zusammenfassen. Am auffälligsten ist der energetische Aspekt der Empörung. Da ist die lange aufgestaute Wut, der plötzliche, heftige Ausbruch und die Rückkehr in den Gleichmut der hingenommenen Existenz. Zu diesem energetischen Bild einer Empörungssequenz paßt die erstaunliche Aphasie nach einer Woge wilder Empörung, die politische und gesellschaftliche Folgenlosigkeit des Aufruhrs und die allzeitige Möglichkeit seiner Wiederholung. Der Empörungswille unterscheidet sich vom moralischen Anspruch darin, daß es ihm nicht um die Herrschaft der richtigen Regeln, sondern um Würde, Ehre und Gerechtigkeit geht. Dafür steht der Moment des empörten Ausdrucks: wahllos, haltlos und folgenlos.

Der zweite Aspekt zielt auf die verborgene intentionale Struktur der Empörung. Gemeint ist der reaktive Charakter des Gerechtigkeitssinns, die fordernde Bezugnahme auf gesellschaftliche Autoritäten und die destruktive Erfüllungssehnsucht. Dahinter steht der sentimentale Appell an eine höhere Instanz der Gerechtigkeit. Der Empörte pocht nicht auf die Erfüllung seiner Rechte nach dem Buchstaben des Gesetzes, sondern wünscht sich die Wiedergutmachung seiner Verletzungen und Kränkungen. Die Vergeltungsphantasien kreisen um das Bild einer autoritären Idylle, wo Arme und Reiche, Schwache und Mächtige, Feine und Grobe in wechselseitiger Verpflichtung eine Gemeinschaft bilden. Nichts ist empörender als die Verletzung von Pflichten zur Aufrechterhaltung von sozialer Sicherheit, politischem Frieden und ziviler Ordnung. Der eigentümliche Sog der Empörung hängt mit diesem sentimentalen Bild sozialer Ordnung zusammen. Nicht eine offene Gesellschaft, sondern eine gute Welt wird ersehnt. Deshalb haben intellektuelle Empörungsspezialisten gegenüber populististischen Empörungsvirtuosen in der Regel keine Chance. Denn nur ein Wort über das Glück kann für die Empörungsmenge alle Fragen über die moralische Angemessenheit hinwegfegen.

Allerdings sollte man die Empörung nicht zu schnell auf den Ausdruck regressiver Rebellion reduzieren. Ein dritter Aspekt der Empörung hat mit der Ambivalenz von Souveränitätsanspruch und Autoritätshörigkeit zu tun. Der Empörte geht aufs Ganze und sucht doch eine höhere Gerechtigkeit. Hierin liegt die besondere Labilität der Empörung. In den Ausbrüchen normativer Bindungslosigkeit versteckt sich der Wunsch nach existentieller Bindung. Diese Doppelbindung zeigt sich am klarsten im Beweggrund der Rache. Rache ist ein Weg, die Dinge wieder ins Lot zu bringen, jedoch ist dieser Weg niemals wirklich erfolgreich und befriedigend. Denn die Wiedergutmachung scheitert allemal an der Tiefe der Verletzungen. Zuletzt ist der Empörte über sich selbst empört: Wie konnte er diese Kränkung und Beschämung nur zulassen? Rache mag die primitivste Form moralischer Empörung sein. Aber sie trifft das Wesen des Phänomens. Deshalb läßt sie sich unter allen historischen Perioden und unter den verschiedensten gesellschaftlichen Verhältnissen als ein bekanntes, wiewohl kaum akzeptiertes soziales Motiv finden. Rache, so heißt es, ist süß.

Nun mag man die Empörung wie das Sozialbanditentum als Relikte prämoderner gesellschaftlicher Verhältnisse ansehen – oder doch als Ausdruck des Widerstands einzelner Gruppen oder eines ganzen Volkes gegen die Zerstörung seiner Lebensweise im Zuge der kalten Logik der modernen Geschichte. Dagegen spricht das gute Geschäft, das heute ein ganzer Medienbereich mit einer Politik der Empörung macht. Es gibt nämlich nicht nur Empörung aus Panik und Verzweiflung, weil man sich denen zugehörig fühlt, die sogar im Himmel noch läuten müssen, sondern daneben die Empörung aus gelegentlicher Frustration und normalem Ressentiment. Max Scheler hat im Anschluß an Nietzsche hinter spezifisch modernen Empörungsprozessen das drückende Gefühl des Wenigerseins ausgemacht.[5] Voraussetzung dafür ist eine gewisse Gleichstellung zwischen dem Publikum und seinen Projektionsfiguren. Empörend wirken dann Vergleiche, die einerseits zum Ausdruck bringen, daß jeder das Recht hat, sich mit jedem zu vergleichen, sich aber in Wirklichkeit mit diesem speziellen anderen nicht vergleichen kann, weil dieser über besondere Ressourcen verfügt, mit denen man nicht mithalten – oder, was noch mehr drückt, derer man nicht habhaft werden kann. Die Karikatur dieser konstitutiven Empörungshaltung hat Pierre Bourdieu geliefert, der den in unseren Gesellschaften vorherrschenden Kleinbürger als einen sozialen Sisyphos beschrieben hat, der sich immerzu klein macht, um irgendwann einmal groß sein zu können, aber nicht versteht, daß die Operation seiner ganzen Existenz auf der grundsätzlichen Differenz zwischen dem Klein- und dem Großbürger beruht, die er nie überwinden wird, solange er sie beachtet. Zurück bleibt das schale Gefühl eines permanent ins Leere laufenden Relationserlebnisses.

Auf solchem Boden gedeiht die Empörung aus Ressentiment, deren Logik darin besteht, daß man verurteilt, was man heimlich begehrt. Scheler zufolge ist dies ein

5 Max Scheler, Das Ressentiment im Aufbau der Moralen (1915), in: ders., Vom Umsturz der Werte, Bern 1955.

notwendiges Beiprodukt der Egalität. Wenn jemandem, unter normativer Geltung universeller Zugänglichkeit, bestimmte soziale Kreise versperrt und gewisse Lebenschancen verwehrt sind, regt sich das Ressentiment. Es handelt sich um ein soziales Gefühl, das durch drei ineinandergreifende Elemente gekennzeichnet ist: erstens durch diffuse Gefühle von Haß, Neid und Feindseligkeit; zweitens durch ein Gefühl der Ohnmacht, diese Gefühle nicht offen und direkt gegen die Personen oder soziale Gruppe, die die Gefühle heraufbeschworen haben, richten zu können; und schließlich drittens durch ein stetiges Neuerleben dieser ohnmächtigen Affekte. Das Ressentiment löst daher nichts, es setzt den Empörten vielmehr fest in seiner geschlossenen gesellschaftlichen Vergleichswelt.

Für eine entsprechende Politik der Empörung folgt daraus, daß sie einerseits die Norm allgemeiner Vergleichbarkeit bekräftigen und andererseits immer neue Beispiele für die flagrante Verletzung dieser Norm in Szene setzen muß. Empört versichert sich dann das Publikum, daß ihm die Trauben, die für es zu hoch hängen, sowieso zu sauer sind. Dadurch führt die Empörung aus Ressentiment paradoxerweise zur Zementierung der Zurücksetzungserfahrung, der sich der Empörungsimpuls ursprünglich verdankt.

Offensichtlich bindet dieser Empörungszirkel ein ungeheures populistisches Potential. Der Demagoge, der in der Lage wäre, dem breiten Publikum den tragischen Mechanismus seines Gefühls des Wenigerseins vor Augen zu führen und ihm zugleich die Rechtfertigungen dafür zu liefern, die Verneinung des Ganzen offen auszuleben, dem stünden sofort die vermeintlich vormodernen Formen der Empörung zur Verfügung. Aber sowenig Empörungsprozesse zu kontrollieren sind, sowenig können sie willentlich hervorgerufen werden. Die aufgestaute Wut, die passende Gelegenheitsstruktur und vor allem der plötzliche Wille des Volkes sind so einfach nicht gegeben.

Scheler hat in konservativer Gutsherrenart die ständegesellschaftliche Haltung der Hinnahme des sozialen Schicksals als Ausweg aus dem Teufelskreis der Empörung aus dem Ressentiment angeboten. Nur der rechtzeitige Akt der Resignation könne uns von der Tendenz zur Selbsttäuschung nach Maßgabe eines trivialisierten Egalitätsbegriffs befreien. Er mache, daß wir noch »gönnen« können, wo wir nicht mehr »erstreben« können. Dagegen mutet uns Judith Shklar[6] in bester liberaler Tradition zu, selbst entscheiden zu müssen, ob ein Ereignis oder ein sozialer Sachverhalt als ein Unglück, eine Ungerechtigkeit oder als ein wenig von beiden betrachtet werden soll. Denn für die Ausbildung einer reifen Haltung der Resignation müßten wir zuerst lernen, in einer Welt von Zufällen zu leben und keinen Sinn für Ungerechtigkeit mehr zu haben. Diese Ansicht ist allerdings weder sehr wahrscheinlich noch sonderlich anziehend.

---

6 Judith Shklar, Unglück und Ungerechtigkeit, in: dies., Über Ungerechtigkeit, Berlin 1992.

Das sozialdemokratische Argument

In gewisser Hinsicht gleicht die Sozialdemokratie dem von Freud beschriebenen Wesen des Symptoms. Sie verschwindet, verbündet sich mit merkwürdigen Partnern, firmiert unter dem Namen ihres Gegners, wird zu einem Bestandteil der herrschenden Normalität, und mit einem Mal ist sie, ohne daß man weiß, warum und wieso, wieder da. Vor allem aber stellt sie wie jedes Symptom einen Kompromiß zwischen widerstrebenden Kräften dar, die sich wechselseitig bedingen. Das große Thema der sozialdemokratischen Kompromißbildungen in unserem Jahrhundert war die unaufhebbare Differenz von Markt und Moral, von gesellschaftlicher Selbstorganisation und staatlicher Steuerung, von Systemerfordernissen und Interessenberücksichtigung. Und es scheint, daß nach der Politik der Entmischung in den achtziger Jahren der Bürger des Westens bei der Suche nach einem besseren Kapitalismus wieder nach vernünftigen Mischungen von privaten Interessen und öffentlichem Wohl fragt. Nach einer wilden Dekade der Gier und des Rokoko, die uns mit neuen Sozialtypen wie den Yuppies (Young Urban Professionals), den Dinks (Double Income, No Kids) und den Negos (»nette Egozentriker«) bekannt gemacht hat, scheinen in der gesellschaftlichen Selbstdeutung die »kleinen Leute« wiederzukehren, deren verfügbares Einkommen knapper, deren Arbeitsplatz unsicherer und deren Stimmung gereizter wird. Die Vision einer Postmoderne, die uns mit dem fröhlichen Weitermachen aussöhnen wollte, hat jedenfalls ihren Reiz verloren. Das könnte die Stunde der Sozialdemokratie sein.

Wenn es um das Schicksal der Sozialdemokratie am Ende des 20. Jahrhunderts geht, gibt es im Prinzip drei Positionen: Für die einen hat das sozialdemokratische Gesellschaftsmodell ausgedient und sollte als Thema von gestern abgebucht werden; andere heben demgegenüber die Beständigkeit und Lernfähigkeit sozialdemokratischer Politik hervor, die alle Niedergangsszenarien durchaus erfolgreich überdauert hat; und eine dritte Position versucht Niedergang und Wiederkehr der Sozialdemokratie in Abhängigkeit von historischen Konjunkturen zu klären, die von grundlegenden Revisionen der gesellschaftspolitischen Programmatik begleitet sind.

Die erste Position hat vor allem Ralf Dahrendorf stark gemacht. Bereits 1983 sah er das »Ende des sozialdemokratischen Jahrhunderts« gekommen.[1] Nach dem Verlust sozialdemokratischer Regierungsmacht in Schweden 1978 (allerdings nur für sechs Jahre) oder in der Bundesrepublik 1982 oder nach der dramatischen wirtschaftspolitischen Kehrtwende der französischen Sozialisten im Frühjahr 1983 konnte man wirklich glauben, das sozial-

1 Ralf Dahrendorf, Die Chancen der Krise, Stuttgart 1983.

demokratische Gesellschaftsmodell von »Wachstum, Gleichheit, Arbeit, Vernunft, Staat, Internationalismus« sei ausgelaufen. Der »wohlwollende Staat«, dem die Daseinsfürsorge überantwortet war, werde, so eine spätere Formulierung, von der Mehrheit seiner Bürger als »teurer Versager« empfunden. Dahrendorf brachte damit eine in den achtziger Jahren herrschende Meinung zum Ausdruck, derzufolge die Sozialdemokratie mit dem Auf- und Ausbau des Sozialstaats ihre historische Aufgabe erfüllt habe. Doch nun sei diese Politik an die Grenzen ihres Wachstum gestoßen. Die nur noch auf sich selbst reagierende Staatstätigkeit überlaste die Wirtschaft, störe die selbstregulativen Kräfte des Marktes und schwäche die Anreize zu unternehmerischer Initiative und persönlicher Selbstverantwortung. Das sozialdemokratisch legitimierte »big government« schaffe am Ende mehr Probleme, als es lösen könne.

Freilich nicht nur für Altliberale wie Ralf Dahrendorf, Neokonservative wie Daniel Bell oder Monetaristen wie Milton Friedman war das Schicksal der Sozialdemokratie besiegelt, sondern auf ganz andere Weise auch für linke Theoretiker des Postfordismus oder »Rational-choice«-Analytiker sozialdemokratischer Strategiewahlen. Das Ende der Massenproduktion, der Rückgang in den Zuwachsraten der Arbeitsproduktivität, der Fortschritt in der Tertiarisierung auf dem Arbeitsmarkt, so die Auguren eines neuen kapitalistischen Regulationsregimes, zerstören nicht nur die Fabriksozialisation der sozialdemokratischen Stammklientel, sondern zwingen die nationalen sozialdemokratischen Parteien zu einer Politik der Anpassung an eine globale Marktintegration, die gegen die Interessen ihrer lohnabhängigen Wähler gerichtet sein muß. Der von den internationalen Wettbewerbsbedingungen diktierte Abbau sozialstaatlicher Leistungen und die Deregulierung arbeitsrechtlicher Schutzgarantien zeigte für Joachim Hirsch und Roland Roth[2] Mitte der achtziger Jahre die Krise der fordistischen Ökonomie an, die das Ende des »etatistischen Reformismus« sozialdemokratischer Prägung mit sich bringen würde. Zudem schien im Hinblick auf die Zwänge politischer Koalitionen der Niedergang der klassischen Sozialdemokratie unausweichlich. In einer einflußreichen Studie rekonstruierten Adam Przeworski und John Sprague[3] das teuflische Entscheidungsdilemma des »elektoralen Sozialismus« zwischen einer »reinen Klassenstrategie« und einer »klassenübergreifenden Strategie«: Mit der einen Strategie kämen die sozialdemokratischen Parteien nie aus einer Minderheitsposition heraus, mit der anderen liefen ihr die Stammwähler davon. Die Sozialdemokratie könne demnach an den Wahlurnen nur überleben, wenn sie sich von ihrer Bindung an die abnehmende Klasse der Arbeiter löse und somit ihre traditionelle Identität aufgäbe.

Alle diese Niedergangsdiagnosen sind charakteristisch für die Posttheorien der achtziger Jahre. Sie unterstellen eine Welt der Linearität, die von universellen Trends der

---

2 Joachim Hirsch und Roland Roth, Das neue Gesicht des Kapitalismus. Vom Fordismus zum Post-Fordismus, Hamburg 1986.

3 Adam Przeworski und John Sprague, Paper Stone. A History of Electoral Socialism, Chicago 1986.

Zerstreuung und des Verschwindens beherrscht wird. Aber es stellte sich schon damals die Frage, warum die stärksten Aversionen gegen den Wohlfahrtsstaat ausgerechnet in Ländern auftraten, in denen er nach allgemeiner Ansicht am schwächsten ausgebildet war und den Bürger am wenigsten durch Abgaben belastete. Jedenfalls waren in den USA solche Stimmen lauter und hatten größeren politischen Einfluß als in Schweden oder in der Bundesrepublik. Die Antwort ist einfach. Die Bereitschaft zur Verdammung des Wohlfahrtsstaates hängt nicht in erster Linie von der Höhe der Belastungen ab: Im liberalen Wohlfahrtsstaat der USA haben die Mittelklassen das Gefühl, viel zu bezahlen und wenig zu bekommen, während in den sozialdemokratischen Wohlfahrtsstaaten Schwedens oder der Bundesrepublik die Mittelklassen tatsächlich erhebliche Abgaben entrichten müssen, aber dafür auch vielfältige Leistungen in Anspruch nehmen können.

Nun hat Wolfgang Merkel die Herausforderung der Niedergangstheoretiker angenommen. In einer großangelegten vergleichenden Studie hat er die These vom Ende der Sozialdemokratie einer kritischen Prüfung unterzogen.[4] Verglichen wird in zwei Hinsichten: Zum einen wird das Leistungsprofil von ausgewählten sozialdemokratischen Regierungen Westeuropas mit den entsprechenden Durchschnittswerten vornehmlich der eu-

---

4 Wolfgang Merkel, Ende der Sozialdemokratie? Machtressourcen und Regierungspolitik im westeuropäischen Vergleich, Frankfurt am Main/New York 1993.

ropäischen OECD-Länder verglichen, und zum anderen werden innerhalb dieser sozialdemokratischen Länder zwei Gruppen miteinander in Relation gesetzt, nämlich eine Gruppe »etablierter Sozialdemokratien« Nordeuropas, bestehend aus Schweden, Norwegen, Finnland und Österreich, und die Gruppe der »sozialistischen Nachzügler« Südeuropas, womit Frankreich, Spanien und Griechenland gemeint sind.

Der letztere Vergleich ist natürlich wegen der Periodendifferenz des Machtwechsels wichtig. Die »goldenen Jahre« der westeuropäischen Sozialdemokratie von 1945 bis 1973 waren in der Geschichte der südeuropäischen Sozialisten eine dunkle Zeit, wobei Frankreich als ein Grenzfall zu betrachten ist. Die Trendaussage legt jedoch die nordeuropäische Periodisierung zugrunde. Danach begann der Aufstieg der Sozialdemokratie mit dem historischen Opportunitätsmoment von 1945. Die Phase von 1960 bis 1973 kann man als die goldene Periode im engeren Sinne kennzeichnen. Und nach der ersten Ölkrise von 1973 begann nach allgemeiner Ansicht der Niedergang, der dann zwischen 1980 und 1990 alle sozialdemokratischen Parteien voll erfaßte. Stimmt dieses Bild eigentlich, wenn man die besonderen Machtressourcen sozialdemokratischer Politik sowie die Staatstätigkeit sozialdemokratischer Regierungen in Betracht zieht?

Die von Merkel zur vergleichenden Analyse herausgegriffenen Politikbereiche ergeben sich aus dem spezifisch sozialdemokratischen Politikmodell der Nachkriegszeit: Nationalisierungs- bzw. Privatisierungspolitik, Haushaltspolitik, Konjunktur- und Beschäftigungspolitik.

Nach der Niedergangshypothese wäre selbst unter sozialdemokratischer Hegemonie vor allem in den achtziger Jahren ein Rückzug des Staates zu erwarten, was sich in einer runtergefahrenen Beschäftigungspolitik und in deren Folge in erhöhter Arbeitslosigkeit und verminderter Erwerbsquote, in erster Linie was die Frauen betrifft, niederschlagen müßte. Das Gegenteil ist der Fall.

Merkel kann den Nachweis führen, daß insbesondere in der Gruppe der »etablierten Sozialdemokratien« trotz der gravierenden Veränderungen in der globalen ökonomischen Umwelt die Grundpfeiler eines länderspezifisch ausformulierten sozialdemokratischen Staatsinterventionismus erhalten geblieben sind. Man hat der Versuchung eines rigiden Fiskalkonservatismus widerstanden und den Arbeitsmarkt nicht aus der politischen Obhut entlassen. Gleichwohl ist in den Kontrollgrößen von Wirtschaftswachstum und Inflation kein signifikanter Rückfall hinter die durchschnittlichen Werte der europäischen OECD-Staaten zu konstatieren. Dieses überraschende Ergebnis ist durch eine besondere Kompromißfähigkeit sozialdemokratisch geführter Regierungen zu erklären, die es offenbar verstanden haben, eine deregulative Ordnungs- und eine zurückhaltende Ausgabenpolitik mit einer universalistischen sozialen Sicherungs- und einer gezielten industriepolitischen Förderungspolitik zu vereinbaren. Bezogen auf die Steuerungsperspektive bedeutete das, daß man der Verminderung der nationalen Handlungsmöglichkeiten in der makroökonomischen Steuerung mit einer Verstärkung selektiver mikroökonomischer Stimulationen begegnete.

Allerdings beweist der Vergleich zwischen den Sozialdemokratien des Nordens und denen des Südens, daß diese trotz erheblichen Zuwachses an Wählern und an Regierungsmacht ein deutlich schlechteres sozial- und wirtschaftspolitisches Leistungsprofil als jene vorzuweisen haben. Das ist selbstverständlich in erster Linie auf den ganz unterschiedlichen Entwicklungsgrad der nationalen Ökonomien von Schweden, Norwegen, Finnland auf der einen und Frankreich, Spanien, Griechenland auf der anderen Seite zurückzuführen. Die simple systematische Schlußfolgerung aus dieser Tatsache lautet, daß die unterschiedlichen Effekte sozialdemokratischer Politik nicht allein von Umfang und Struktur der drei wichtigen Machtressourcen, nämlich Wählerzuspruch, Regierungschance und Gewerkschaftsmacht, abhängen, sondern daß entscheidender noch die ökonomischen Ausgangsbedingungen sind. Diese wiederum sind, wie man in der auf Schumpeter sich berufenden Schule der »institutionellen Ökonomie« sagt, »eingebettet« in ein für das jeweilige Land spezifisches Gefüge von politischen Institutionen, intermediären Organisationen, nationalkulturellen Wertdispositionen und kollektiven Erblasten, wodurch dem politischen Handeln bestimmte Möglichkeiten verbaut und bestimmte andere eröffnet werden. So mag man den staatsbürokratisch organisierten Massenklientelismus in Griechenland ärgerlich und die aktive Arbeitsmarktpolitik in Schweden vorbildlich finden, es handelt sich in beiden Fällen um kulturelle Determinanten der politischen Akteure, die genauso »objektiv« gegeben sind wie das Qualifikationsniveau der Beschäftigten.

Ein anderes Beispiel wäre der französische Sozialstaat, der nicht zuletzt aufgrund der katholischen Tradition primär auf hohen Zuwendungen für Familie, Gesundheit und Bildung aufgebaut ist. Die Sicherung der Vollbeschäftigung ist demgegenüber ganz anders als in der von der protestantischen Berufsethik geprägten skandinavischen Konstruktion des Wohlfahrtsstaates sekundär. Deshalb war nach der Wende von 1983 für die in hohem Maße von den Mittelklassen gewählten französischen Sozialisten die mit der strengen Haushaltspolitik verbundene Hinnahme von Arbeitslosigkeit wahlstrategisch rationaler und politisch schmerzloser als eine Kürzung der Ausgaben in den drei genannten Bereichen. Merkel kommt daher zu dem Schluß, daß sich die Logik sozialdemokratischen Handelns weniger aus einem allgemeinen Trend, sondern mehr aus dem historisch gewachsenen nationalen Pfad der politischen Kultur und des institutionellen Regimes erklärt. Irgendwie ist jede sozialdemokratische Politik also unmittelbar zu Gott.

Die detailreiche Untersuchung von Wolfgang Merkel führt uns die ungeheure Plastizität der Sozialdemokratie vor Augen. An die Feststellung dieser revisionistischen Fähigkeit, die von den Niedergangstheoretikern entweder unterschätzt oder mißachtet wird, knüpft Merkel sein zentrales Argument. Er will uns davon überzeugen, daß die Sozialdemokratie nicht nur reaktives Opfer einer globalen Entwicklungsdynamik ist, sondern immer schon reflexiver Akteur, der in Antwort auf bestimmte Umweltveränderungen nach neuen Kompromissen innerhalb der klassischen Steuerungstrias von Staat, Gemeinschaft und

Markt sucht. Die Sozialdemokratie wäre so gesehen der politische Stellvertreter der gesellschaftlichen Integration.

Wir können der Studie von Merkel entnehmen, daß die westeuropäischen Sozialdemokratien die Lektion der achtziger Jahre gelernt haben. Sie haben allesamt Abschied genommen von der sozialökonomischen Strategie des »Keynesianismus in einem Lande«. Die in den achtziger Jahren beschleunigte Globalisierung der Kapital- und Gütermärkte wird nicht mehr als Angriff gesehen, gegen den man sich isolationistisch und protektionistisch schützen, sondern auf den man in Gestalt einer intelligenten staatlichen Industriepolitik antworten muß. Sodann haben sie alle Abschied genommen von der sozialadministrativen Strategie eines allzuständigen und allkompetenten Staates, der die Einheit der Gesellschaft sowohl bewerkstelligt als auch repräsentiert. Die aus den siebziger Jahren stammende Vorstellung einer Emanzipation der Gesellschaft durch einen partizipatorischen Staat ist durch Ideen einer Selbstbindung der Gesellschaft durch neokorporatistische Arrangements ersetzt worden. Schließlich haben auch die »labouristischen« und die »mediterranen« Sozialisten Abschied genommen von der politischen Strategie der Alleinregierung und sich dem pragmatischen Koalitionstyp der wohlfahrtsstaatlichen Sozialdemokraten angenähert. Die innere Akzeptanz des Koalitionszwangs wird die Entwicklung zur sozialdemokratischen »Allerweltspartei« (Otto Kirchheimer) befördern, die beständig zwischen ihrer Rolle als Dienstleisterin und als Kritikerin des Wahlvolkes hin und her wechseln muß.

Was der Verteidiger des sozialdemokratischen Fortschritts freilich nicht erklärt, ist der unzweifelhafte Prestigeverlust der Sozialdemokratie in den achtziger Jahren. Gehörte nicht Dahrendorfs Polemik zu dem Lernprozeß, der der Sozialdemokratie heute zugute kommt? Außerdem kommt der Fall nicht vor, der uns begreiflicherweise besonders interessiert: nämlich der Fall der deutschen Sozialdemokratie. Wir können uns mit Hilfe der wichtigen Untersuchung von Wolfgang Merkel klarmachen, wie sich die Sozialdemokratie in den achtziger Jahren renoviert hat, aber nicht, warum sie verschwunden ist, und vor allem nicht, warum sie wiederkehren wird.

Vielleicht können wir uns das Verschwinden und die Wiederkehr des sozialdemokratischen Symptoms folgendermaßen denken: Es gibt so etwas wie historische Stimmungen, die den inneren Begriff einer bestimmten Epoche ausmachen. Es handelt sich um ein wenig artikuliertes Problembewußtsein von Mißständen und Fehlentwicklungen, auf das sich Vertreter der verschiedensten sozialmoralischen Milieus relativ schnell einigen können. Man hat das Gefühl, daß viele Leute die gleichen Erfahrungen machen, die mit den gängigen Deutungen nicht mehr in Einklang gebracht werden können. Lassen wir mal außer Betracht, wie solche epochal bestimmten Akzentsetzungen im Denken, Fühlen und Wahrnehmen zustande kommen, der Punkt ist, daß sich daran die Attraktivität der angebotenen gesellschaftspolitischen Vorstellungen mißt. In diesem Sinne hatte Dahrendorf recht, als er 1983 feststellte, daß wir am Ende dieses Jahrhunderts eigentlich alle Sozialdemokraten geworden seien und sich damit dieses Thema erschöpft habe. Die sozialdemokratische Kompromißformel war nicht mehr in der Lage, starke Vorstellungen für die Lebenschancen von morgen zu erzeugen.

Welche Gründe sprechen heute für eine Wiederkehr der Sozialdemokratie? Da sind zunächst die sich deutlicher abzeichnenden Transformationsprobleme im Neuen Osten. Es ist nicht ganz unverständlich, daß in der kollektiven Abstoßung von dem in fortschreitender Fäulnis dahinsiechenden Regime des Staatssozialismus die Parteien des Marktes bevorzugt wurden. Im deutschen Fall kam noch hinzu, daß damit erhebliche Erwartungen der Fremdsanierung einer verrotteten Ökonomie verbunden waren. Doch mit der Zeit beginnen die Bewohner des Beitrittsgebiets zu ahnen, daß diese Wirtschaftsordnung in einem komplizierten Zusammenhang mit einer bestimmten Rechts- und Verfassungsordnung sowie mit einer bestimmten kulturellen Ordnung steht. Mit dieser Einsicht könnte eine grundsätzliche Annahmebereitschaft für das sozialdemokratische Politikmodell einer prozessualen gesellschaftlichen Kompromißbildung entstehen. Sozialdemokratische Parteien haben im Neuen Osten faktisch jedoch nur dann eine Chance, wenn sie sich der besonderen östlichen Befindlichkeit gewissermaßen sozialpsychologisch und sozialmoralisch annehmen. Die Erfahrung einer plötzlichen Entwertung des kollektiven Arbeitsvermögens infolge der abrupten Integration in den Weltmarkt ist noch lange nicht verarbeitet. Entscheidend für den Wahlerfolg ist die stellvertretende

Deutung der nach dem Untergang des DDR-Staats übriggebliebenen oder vielleicht sogar erst richtig entstandenen DDR-Gesellschaft. Längerfristige Loyalitäten werden dadurch geschaffen, daß das »Volk der Wende« erkennbar in die Kompromißstruktur der neuen Bundesrepublik eingearbeitet wird.

Mit Recht hat Claus Offe[5] den Integrationsproblemen der nachkommunistischen Gesellschaften den Rang eines vorbildlosen Sonderfalls rapiden sozialen Wandels zugesprochen. Er grenzt seine Deutung ab sowohl von der modernisierungstheoretischen Selbstgewißheit, die das Transformationsproblem als Einpassungsschwierigkeit bei der Transplantation eines »Designer-Kapitalismus« (David Stark) behandelt, als auch von einer historistischen Skepsis, die in dem nach dem Zusammenbruch des Sozialismus zurückgebliebenen gesellschaftlichen Vakuum so ziemlich alles für möglich hält. Die Geschichte der einzelnen Länder Osteuropas, die sich bei näherem Betrachten als jeweils ganz besondere Fälle des staatssozialistischen Experiments erweisen, verweist auf Strukturen langer Dauer, die eine begrenzte Pluralität nationaltypischer Transformationspfade erwarten lassen. Offes Deutung plädiert unausgesprochen für ein sozialdemokratisches Transformationsmodell, das nationaltypische Plastizität mit einem begrenzten normativen Revisionismus verbindet. Wie anders sollen unter Berücksichtigung

5 Claus Offe, Der Tunnel am Ende des Lichts. Erkundungen der politischen Transformation im Neuen Osten, Frankfurt am Main / New York 1994.

der lange hergebrachten kulturellen Grundverständnisse eines Landes neue Unternehmerklassen in einen Sozialpakt gebunden werden können, aus dem sich die Neuordnung des sozialpolitischen Institutionensystems ergeben könnte?

Man sollte allerdings nicht glauben, daß der Alte Westen vom Neuen Osten unberührt bliebe. Offe macht auf die Rückwirkung der Transformationsprobleme im Osten auf die Selbstbegründung des Westens aufmerksam. Mit dem Projekt des Ideen- und Institutionentransfers hat sich der Westen selbst aufs Spiel gesetzt. Dieses eigentümliche Ensemble von institutionellen Erfindungen wie Grundrechten und Massenpartizipation, Konsumismus und Wertgeneralisierung, Privateigentum und Marktpreisbindung können wir nicht mehr nur als unwahrscheinliches, aber selbstverständliches Evolutionsergebnis begreifen, wir müssen es nun als Konstruktionsproblem in einer einigermaßen desorganisierten Umwelt der Bewährung aussetzen. Schon jetzt ist klar, daß das Ganze nicht nach einem politisch korrekten oder theoretisch eleganten Bauplan funktioniert, sondern in Systemen kollektiver Verhandlungen und intermediären Basteleien umgearbeitet, neu interpretiert und renormalisiert wird. Damit wird eine sozialdemokratische Unschärfe in den westlichen Code eingeführt. Jedenfalls erweisen sich die Mitte der achtziger Jahre noch ausgestoßenen neoliberalen Invektiven gegen »die schikanösen Institutionen der ›mixed economy‹« (Herbert Giersch) heute im Blick auf den Neuen Osten als reichlich naiv.

Ein zweiter Grund für die Wiederkehr der Sozialdemokratie in Deutschland resultiert aus der Erkenntnis industriepolitischer Entwicklungsengpässe, die die Gefahr einer langfristigen Strukturkrise des deutschen Produktionsregimes heraufbeschwören. Die von den Liebhabern des unternehmerischen Menschen gerne als »schumpeterianisch« bezeichneten achtziger Jahre waren in Deutschland nicht unbedingt eine Zeit des von den selbstregulativen Kräften des Marktes hervorgerufenen betriebsorganisatorischen und absatzpolitischen Strukturwandels. Ulrich Jürgens und Frieder Nachhold sprechen in einem Überblick über entsprechende Entwicklungen im Werkzeugmaschinenbau, in der Automobilindustrie sowie in der Lokalverwaltung gar von den »verlorenen achtziger Jahren«.[6]

So stellten die Autoren der berühmten MIT-Automobilstudie bei einem Besuch in einem großen deutschen Werk fest, daß hier mehr Zeit für die Beseitigung der Fehler aufgewandt wurde, als in der japanischen Fabrik für die Herstellung eines auf Anhieb fast perfekten Autos. Noch Mitte der achtziger Jahren huldigten die deutschen Automobilhersteller einem Denken, das die Arbeitsteilung zwischen tayloristisch organisierter Bandarbeit mit hohem Ausländeranteil und der Kontroll- und Gewährleistungsarbeit durch den deutschen Facharbeiter für selbstverständlich hielt. Man sperrte sich allzulange ge-

---

6 Ulrich Jürgens/Frieder Nachhold, Arbeits- und industriepolitische Entwicklungsengpässe der deutschen Industrie in den neunziger Jahren, in: Wolfgang Zapf/Meinolf Dierkes (Hg.), Institutionenvergleich und Institutionendynamik. WZB Jahrbuch 1994, Berlin 1994, S. 239–270.

gen diese neuen Ideen eines »total quality managements«, das verlangte, die ausführenden Tätigkeiten wieder mit Qualitätsverantwortung zu betrauen und im innerbetrieblichen Prestigesystem aufzuwerten. Die an einen bestimmten Mythos der Technik gebundenen Zukunftsvorstellungen liefen eher auf eine Roboterisierung der Bandarbeit und eine Spezialisierung der Überwachungsarbeit hinaus. Aber heute sieht es so aus, daß nur durch die Mobilisierung des gesamten betrieblichen Arbeitsvermögens eine an den Kundenbedürfnissen orientierte Flexibilisierung der internen betrieblichen Abläufe möglich ist, die letztlich die Voraussetzung für die notwendige Prozeßeffektivierung und Kostensenkung darstellt.

Zu dieser versäumten Qualitätsrevolution im Produktionsprozeß paßt Jürgens und Nachhold zufolge die verzögerte Einführung von Teamarbeit, und vor allem hängt damit die Verspätung der deutschen Industrie im internationalen Zeitwettbewerb zusammen. Im Kampf um Anteile auf einem durch neue Anbieter vor allem aus Südostasien dynamisierten Weltmarkt wird die schnelle Reaktion auf zukünftige Nachfragetrends und Kundenwünsche immer wichtiger. Wer hier zu spät kommt, den bestraft das Leben.

Es geht um die berühmte »lean production«, die ausgehend von einer neuen Ökonomie der Zeit die gesamte »moralische Ökonomie« des deutschen Produktionsregimes durcheinanderbringt. Zunächst wird davon das duale System der Beruflichkeit berührt. Sorgfältig aufgebaute und mit entsprechenden Statuserwartungen versehene Fachkenntnisse werden durch die betrieblichen

Flexibilisierungsanforderungen systematisch entwertet, wodurch eine schwer handhabbare Verstocktheit der Personals aufgebaut wird, die wiederum einer organischen Optimierung des Produktionsprozesses im Wege steht. Weiterhin werden die zwischen Gewerkschaften und Arbeitgebern vereinbarten Kriterien der Leistungsregulierung betroffen. »Leistungspakte« einzelner Arbeitsteams rufen bei den Beschäftigten Befürchtungen vor Besitzstandsverlusten wach, die sich wiederum in Widerständen gegen eine offene Personalentwicklung äußern. Schließlich werden die grundlegenden Normen der kooperativen Fairneß in Mitleidenschaft gezogen. Das von der »lean production« erwartete, sozusagen von der Basis ausgehende kontinuierliche Verbesserungsbemühen droht eine individualistische Leistungsmotivation freizusetzen, die keine gewerkschaftliche Solidarität und keine politische Dissidenz, sondern nur noch den betrieblichen Gesamterfolg kennt.

Man sieht, daß das System der industriellen Beziehungen in Deutschland nach den »verlorenen achtziger Jahren« einer neuen Definition harrt. Das System der beruflichen Bildung, die Methoden der Leistungsbewertung und die kollektiven Gerechtigkeitsintuitionen bedürfen offenbar einer modernisierten Zusammenhangsbestimmung. Hier ist wieder das sozialdemokratische Dreieck von Staat, Gewerkschaften und Unternehmerverbänden gefragt. Wollte jedes dieser Systeme auf seiner operativen Geschlosssenheit bestehen, würden sie gemeinsam nur in eine Rationalitätsfalle laufen und sich gegenseitig blokkieren. Sozialdemokratisch wäre eine nichthierarchische

Koordination, die die nötige Erwartungssicherheit für das erforderliche Experimentieren mit neuen Produktionsmustern gewährleisten könnte.

Wenn das alles so ist, dann steht der Sozialdemokratie mit ihrer Wiederkehr freilich eine grundlegende Revision ihres Selbstverständnisses ins Haus. Es geht um nicht weniger als um einen neuen Begriff ihrer Handlungsfähigkeit. Der Aufstieg der Sozialdemokratie begann in den ersten Jahrzehnten unseres Jahrhunderts mit dem Abschied von der Revolutionserwartung. Indem sie sich, um beim deutschen Fall zu bleiben, von ihrem revolutionären Attentismus lossagte, gewann sie die Handlungschance zu einer positiven Integration in die bürgerliche Gesellschaft. Nach dem Zweiten Weltkrieg erbrachte die kognitive Revolution des Keynesianismus das Modell eines »funktionalen Sozialismus«, das die Gleichzeitigkeit von Steuerung und Stabilisierung möglich machte. Zwar wurde dem Besitz an Produktionsmitteln keine Priorität mehr zugemessen, aber die Methoden der indirekten Steuerung der kapitalistischen Ökonomie setzen den Staat als zentrale Instanz einer zinssouveränen nationalen Geldpolitik voraus. Welche Idee von Handlungsfähigkeit bleibt jetzt nach dem Abschied vom »Keynesianismus in einem Lande«?

Von der etablierten linken Diskussion ist in dieser Frage nichts zu erwarten. Da wird entweder »linke Trauerarbeit« geleistet, die auf den Ratschlag hinausläuft, den öffentlichen Umgang mit Ungewißheit einzuüben,[7] oder

---

7 Helmut Dubiel, Linke Trauerarbeit, Frankfurt am Main 1994.

es wird die verborgene Macht der transnationalen Konzerne beschworen, die jede nationale oder soziale Politik zu einer Funktion woanders gesetzter Ziele gerinnen lassen.[8] Das eine ist eine Form der therapeutischen, das andere eine Form der rebellischen Melancholie – beides mit ungewissem Ausgang. Man muß hier wohl auf pragmatisch geschulte Sozialdemokraten wie Fritz W. Scharpf zurückgreifen, der mit seinem Begriff des Verhandlungssystems den Spielraum sozialdemokratischen Handelns in den immer weiter gespannten und immer dichter geknüpften Netzen von transnationalen und innergesellschaftlichen Abhängigkeiten zu bestimmen sucht.[9] Das trifft sich mit den beispielsweise von Helmut Willke in systemtheoretischer Absicht vorgetragenen Überlegungen von der Politik in der Rolle des lokalen Helden mit ironischer Distanz.[10] Ich vermute allerdings, daß das ironische Jahrzehnt vorbei ist. Das Handeln wird vom Zwang zur Dauerbeobachtung lassen, und es wird sich herausstellen, daß der Mensch von Natur aus kein Erkenntnistheoretiker ist. Die Zukunft kann zwar systemtheoretisch gesehen nicht beginnen, nur manchmal beginnt sie doch.

---

8 Josef Esser, Die Suche nach dem Primat der Politik, in: Siegfried Unseld (Hg.), Politik ohne Projekt? Nachdenken über Deutschland, Frankfurt am Main 1993, S. 409–430.

9 Fritz W. Scharpf, Die Handlungsfähigkeit des Staates am Ende des zwanzigsten Jahrhunderts, in: Politische Vierteljahresschrift, Jg. 32, 1991, S. 621–634.

10 Helmut Willke, Abwicklung der Politik, in: Siegfried Unseld (Hg.), a.a.O. (Fn. 8), S. 54–84.

Aber vielleicht liegt der eigentliche Grund für die Wiederkehr der Sozialdemokratie ganz einfach in der Ermüdung von der allgemeinen Aufgedrehtheit der achtziger Jahre. Wieder einmal, könnte uns Albert O. Hirschman aufklären,[11] wendet sich der Bürger im ewigen Wechsel seiner Präferenzen nach einer Periode der Verfolgung seiner privaten Interessen der Suche nach dem öffentlichen Wohl zu. Die Enttäuschung mit dem einen treibt ihn zum anderen, und dann beginnt das Spiel von neuem.

---

11 Albert O. Hirschman, Engagement und Enttäuschung. Über das Schwanken der Bürger zwischen Privatwohl und Gemeinwohl, Frankfurt am Main 1988.

Kultur als Problem

Kultur, so eine Formel von Michel de Certeau[1], ist das Ganze als Rest. Überall auf der Welt funktionieren Banken wie Banken, Bibliotheken wie Bibliotheken und Flughäfen wie Flughäfen. Die Systemtheorie würde abstrakter von der Globalisierung der Funktionssysteme sprechen. Aber da ist noch ein alltäglicher Rest, der dem Beobachter das Ganze als fremdartig und erstaunlich erscheinen läßt. Das ist die Kultur.

Der moderne Beobachter von Kultur ist der Tourist, der mit dem aus Reisebüchern, Landkarten oder einschlägigen Romanen geholten Wissen über andere Kulturen in der Fremde unterwegs ist. Man fühlt sich als »Wilder« in einer in sich geschlossenen Welt, wo an jeder Ecke bezaubernde oder beängstigende Überraschungen zu erleben sind. Der Tourist liebt diese gewisse Unheimlichkeit, weiß er doch, daß ein verborgenes Regelbuch für die fremde Gewöhnlichkeit existiert. So begibt er sich auf eine Art Metaebene, wo das Eigene mit dem Fremden genußvoll konfrontiert werden kann.

---

1 Michel de Certeau, Kunst des Handelns, Berlin 1988, S. 42.

An der touristischen Einstellung zeigt sich, daß die Kategorie der Kultur zweierlei leistet: Sie macht zuerst etwas unverständlich, um dann im Gegenzug das Unverständliche verständlich zu machen.[2] Dies geschieht über ein Zusammenhangsverstehen, welches das einzelne einem Ganzen unterordnet, aus dem heraus überhaupt erst verständlich wird, was hier und jetzt der Fall ist. In Begriffen der Kultur wird der Alltag zu einem überaus raffinierten und kunstvollen Geschehen, das von verborgenen Regeln gelenkt wird. Man spricht von Praktiken der Beschreibung, Kommunikation und Repräsentation,[3] die in den Gesetzen der Ökonomie, der Politik, des Rechts oder der Wissenschaft nicht aufgehen, sondern gewissermaßen den Kitt des Ganzen bilden. Die Kategorie der Kultur enthält Vorstellungen einer sozialen Systematik, für die allerdings niemand verantwortlich ist, kein Gott und keine hegemoniale Klasse, sie geht vielmehr zurück auf eine anonyme und alltägliche Kreativität, die sich auf ein bestimmtes Wissen nicht festlegen läßt. Es lassen sich möglicherweise gewisse Prinzipien der Normierung identifizieren, die deutsche Kluft zwischen privater Innerlichkeit und gesellschaftlicher Äußerlichkeit im Unterschied zum französischen Modell von kirchlichem Traditionalismus und intellektueller Radika-

---

2 Zum epistemologischen Doppelspiel von Ethnologisierung und Nostrifizierung Justin Stagl, Die Beschreibung des Fremden in der Wissenschaft, in: Hans Peter Duerr (Hg.), Der Wissenschaftler und das Irrationale, Bd. 1, Frankfurt am Main 1981, S. 273–295.

3 So Edward W. Said, Kultur und Imperialismus, Frankfurt am Main 1994.

lität oder der englische Common sense im Unterschied zur amerikanischen Zivilreligion, aber das ist doch weit entfernt vom Bild einer klaren und distinkten Ordnung. Kultur beginnt sich aufzulösen, sobald man anfängt, über ihre methodische Herstellung nachzudenken. Als Kern des Begriffs bleibt schließlich eine vage Idee des Zusammenhangs übrig.

Die Kategorie der Kultur, so wie sie in den Sozialwissenschaften heute meistens verwendet wird, verdankt sich einem ethnologischen Effekt. Man nimmt eine Haltung künstlicher Dummheit an und wundert sich darüber, was die Leute tun, denken, fühlen und wollen. Um zu verstehen, so das bekannte Wittgenstein-Argument, was in einer bestimmten Zeit und in einem bestimmten Raum »schön«, »gerecht« oder »effizient« bedeutet, muß man eine ganze Kultur beschreiben. Im ethnomethodologischen Design werden die Passanten auf der Straße zu fremden Wesen, deren Verhalten man ganz genau beobachten muß: die Art und Weise, wie sie sich als einzelne, als Paar oder als Gruppe bewegen, wie sie ihre Tasche tragen oder wie sie einen Imbiß zu sich nehmen – und man muß Überlegungen darüber anstellen, wie sie ihre Notdurft verrichten, wie sie mit ihren Kindern sprechen oder welche Liebesspiele sie bevorzugen. Und man hofft, diese vielen Beobachtungen in Gedanken so arrangieren zu können, daß die Wechselbedingtheit der Teile innerhalb einer übergreifenden Gefügegesetzlichkeit zu erkennen ist. Und am Ende hat alles seinen tiefen und stillen Sinn.

Das ästhetische Entzücken über die innere Logik des

Ganzen vermittelt uns eine gewisse ontologische Beruhigung angesichts einer in tausend Differenzen zersplitterten Welt. Die manifeste Nervosität täuscht nur über das latente Gesetz. Erkauft wird solch rekonstruktive Weisheit allerdings mit einer grundsätzlichen Entfremdung. Die Kategorie der Kultur verspricht die Vorstellung einer Einheit, die von vornherein vom Makel der Kontingenz gezeichnet ist. Denn die phantastische Genauigkeit unserer Beobachtung beruht auf der Annahme, daß das Gegebene eine Auswahl aus dem Möglichen darstellt. Warum machen sie dies und nicht jenes, was hält sie davon ab, in eine andere Richtung zu denken, weshalb geraten sie gerade jetzt in Empörung? Der fremde Stamm, den wir zu erfassen suchen, sind wir selbst. Eine Kultur ist nur beschreibbar im Vergleich zu anderen Kulturen: der griechische Logos in Abhebung vom chinesischen Tao, die kleinbürgerliche Enge in Abhebung von der großbürgerlichen Weite, das westfälische Beharren in Abgrenzung von der rheinischen Leichtigkeit, was wiederum bedeutet, daß nicht nur im einzelnen, sondern auch im ganzen alles anders sein kann. Der Begriff der Kultur, so Niklas Luhmann,[4] formuliert ein Problem, das er selbst nicht lösen kann. Das ist das Problem der Identität.

Wir können nämlich, so ein anderes Wittgenstein-Argument, den Gebrauch unserer Worte nicht übersehen. Genaugenommen ist die Unbewußtheit unserer Praxis

---

4 Niklas Luhmann, Kultur als historischer Begriff, in: ders., Gesellschaftsstruktur und Semantik, Bd. 4, Frankfurt am Main 1995, S. 31 – 54.

die Bedingung ihrer Kohärenz. Wir brauchen daher einen »generalisierten anderen« (George Herbert Mead), der unsere eigene Kultur als Kultur zu beschreiben vermag. Freud besonders hat vorgeführt, wie man ins Innere unserer Kultur ohne ein Außen vorstoßen kann, und Lacan hat uns darüber aufgeklärt, daß dafür das Vertrauen in einen »großen anderen« notwendig ist, den man indessen nie zu Gesicht bekommt. Die Kategorie der Kultur ist nur im Umweg über die Erfahrung einer Differenz zu konstruieren, der uns notwendigerweise von uns selbst entfremdet. So kann die in den achtziger Jahren beliebt gewordene Ethnographie des Inlands Herkunft und Dauer nur noch melancholisch erinnern, aber nicht mehr kommunikativ sichern. Paradox ausgedrückt: Kulturelle Identität verschwindet in dem Augenblick, in dem sie geschaffen wird. Die Beruhigung, die von der Einsicht in den verborgenen Sinn des Ganzen ausgehen mag, kann in Panik umschlagen, wenn die Ahnung entsteht, daß dabei immer ein anderer im Spiel ist, dessen ewige Rede darauf hinausläuft, daß alles auch anders möglich ist.

Wer sich auf den Begriff der Kultur einläßt, landet mit einer gewissen Zwangsläufigkeit bei einer Haltung des kulturellen Relativismus. Der universalisierte ethnologische Blick sieht uns alle in unseren aparten kulturellen Gehäusen sitzen, die sich selbst abschließen. Das Verstehen ist dann leicht als Operation der Macht zu entlarven, bei der eine Kultur aus sogenannten historischen, und das heißt: letztlich kontingenten Gründen über die Regeln der Angemessenheit und Vernünftigkeit befindet.[5] Im Prinzip ist interkulturelle Kommunikation außerordentlich unwahrscheinlich, und es erhebt sich die Frage, ob die Idee der Menschheit nicht auf glücklichen Mißverständnissen basiert. Läßt sich wegen der Steigerung von Kommunikationschancen in der Weltgesellschaft die Auseinandersetzung mit anderen Kulturen schließlich nicht mehr vermeiden, so bleibt einem die Wahl, ob man dem Fremden resigniert, indifferent, neugierig oder begeistert gegenübersteht.[6]

Kultur als Recht

Man könnte auf die Idee kommen, T. H. Marshalls berühmtes Entwicklungsschema der bürgerlichen Gesellschaft[7] um eine weitere Stufe zu ergänzen: Nach der Durchsetzung der bürgerlichen Freiheitsrechte, der politischen Bürgerrechte und der sozialen Wohlfahrtsrechte stehen nunmehr die kulturellen Identitätsrechte auf der Tagesordnung. Völker, Geschlechter, Religionsgemeinschaften und was sich sonst noch den Anschein einer unterdrückten, ausgeschlossenen oder stigmatisierten Gruppe geben kann, pochen auf ihr Selbstbestimmungs-

---

5 In diesem Sinne Immanuel Wallerstein u. a., Die Sozialwissenschaften öffnen. Ein Bericht der Gulbenkian Kommission zur Neustrukturierung der Sozialwissenschaften, Frankfurt am Main/New York 1996, S. 91 ff.

6 Diese vier Formen der Toleranz unterscheidet Michael Walzer, Politik der Differenz, in: Transit, Heft 8, 1994, S. 5–20.

7 T. H. Marshall, Citizenship and Social Class, Cambridge 1950.

recht. Wobei die »Kultur« längst die Funktion der »Natur« als Identitätsgarant ersetzt hat. Das Schema ist im Grunde immer dasselbe: Im Zeichen von Pluralismus, Individualismus und Differenz wird ein eigener authentischer Ausdruck gefordert. So bezeichnet sich, um ein sicher extremes Beispiel zu nennen, ein Aussteiger aus der rechtsradikalen deutschen Szene in der Tradition der neuen Rechten als Ethnopluralist. Er sei für eine freie Entfaltung der Kulturen: Deutschland den Deutschen und die Türkei den Türken. Es ist in der Tat nicht ganz einfach zu argumentieren, wo die Grenzen einer kulturellen Identitätspolitik liegen. Kultur kann schnell zu einer bloßen Behauptungsgröße werden, die ein Feld des Kampfes definiert, auf dem es nur noch um Ehre, Treue und Tod geht – jedenfalls überhaupt nicht um Problemlösen, Lernen und Weitermachen.

Die Verwendung der Formel von der kulturellen Identität verschafft einem heute ganz selbstverständlich Rederechte im öffentlichen Raum. Das hängt offenbar mit dem evolutionären Sieg der Selbstentfaltungswerte[8] zusammen. Das Selbst, das sich an ein Ethos der Arbeit oder ein Projekt der Politik nicht länger binden mag, sucht im weichen und allumfassenden Medium der Kultur nach Resonanz und Widerschein. So ist Kultur zum plastischen Objekt eines kriterienlosen Authentizitätsverlangens geworden. Der große Vorteil von Kultur im Ver-

8 Dies der Begriff der Wertwandlungsforscher. Helmut Klages, Wertedynamik. Über die Wandelbarkeit des Selbstverständlichen, Zürich/Osnabrück 1988, S. 56ff.

gleich zu Arbeit und Politik besteht in ihrer hohen Wiederverwendbarkeit für die flüchtigen Ausdrucksabsichten des wahren Selbst. Das hat etwas mit Verfeinerung und Erhebung zu tun, und daraus ergibt sich Lebenssinn und Weltbedeutung. Kultur bedeutet dann mehr als eine selbstverständliche Praxis, sie wird zur Quelle von Identität.

Aber diese anscheinend im Trend der Zeit liegende Kulturbedeutung von Kultur erklärt noch nicht, warum heute »neue gefährliche Klassen« nach Kultur rufen. Daß sich die Lebensstilgruppen aus dem psychosozialen Mittelstand auf ein kulturelles Selbstbestimmungsrecht berufen, ist nicht weiter verwunderlich, aber warum arbeitslose türkische Jugendliche Kultur als Recht einklagen, leuchtet nicht sofort ein. Dem klassischen industriegesellschaftlichen Deutungsmuster zufolge funktionierte die gesellschaftliche Integration von neuen Generationen und einwandernden Gruppen über das System der Arbeit und die Politik der Arbeiterbewegung. Selbst die Armen und Arbeitslosen erfüllten als einsatzbereite industrielle Reservearmee eine erkennbare Funktion innerhalb der gesamtgesellschaftlichen Reproduktion. Wer dazugehören wollte, berief sich auf die Nützlichkeit seiner Arbeit. Würde und Selbstbestimmung wurden dementsprechend in einer Arbeiterkultur artikuliert. Es gab zwar immer ethnische Konflikte, aber es bestand die Hoffnung, daß sich dafür im Zuge von mehr Wohlstand und gesellschaftlicher Teilhabe schon eine Lösung finden werde. Die bürgerlichen wie die Arbeiterparteien waren sich darin einig, daß die verschiedenen sozialen Probleme im Modell der

Industriegesellschaft sowohl zu begreifen als auch zu bewältigen waren.

Das glaubt heute niemand mehr. Beim industriegesellschaftlichen Verteilungsspiel zwischen Gewinnern und Verlierern des Fortschritts bleibt eine wachsende Zahl von Gesellschaftsteilnehmern auf der Strecke. Sie bilden die Kategorie der Überflüssigen,[9] die auf sozialstaatliche Versorgung angewiesen sind. Ist für die Mehrheitsklasse der höher Gebildeten, langfristig Beschäftigten und ausreichend Versicherten das hauptsächliche Einordnungsproblem nach wie vor, wer oben und wer unten steht, so lautet für die Klasse der Aussortierten und Abgeschriebenen die existentielle Frage, wer draußen und wer drinnen ist. Selbst die Systemtheorie hat hinter dem Optimismus der funktionalen Differenzierung das Basisproblem der Exklusion entdeckt.[10] Mit dem Pathos gesellschaftlicher Nützlichkeit ist unter solchen Umständen nichts mehr zu machen. Armut zum Beispiel hat eine ganz andere gesellschaftliche Bedeutung gewonnen: Sie dient nicht mehr der Bereicherung der Reichen, sondern belastet nur noch das von allen finanzierte System der sozialen Sicherung. Wenn ein Recht auf Arbeit sich doch nicht einlösen läßt und die politische Repräsentanz sich auf die gesellschaftliche Mitte konzentriert, dann bleibt das Recht auf Kultur als letztes Mittel, sich in der Öffentlich-

---

9 Dazu Heinz Bude, Die Überflüssigen als transversale Kategorie, in: Peter A. Berger/Michael Vester (Hg.), Alte Ungleichheiten – Neue Spaltungen, Opladen 1998, S. 363–382.

10 Niklas Luhmann, Jenseits von Barbarei, in: ders., Gesellschaftsstruktur und Semantik, Bd. 4, Frankfurt am Main 1995, S. 138–150.

keit bemerkbar zu machen. Dies erklärt vielleicht, warum sich jugendliche Immigranten der dritten Generation auf wilde Vorstellungen einer Abstammungsgemeinschaft beziehen, die in unsere Kategorien vom Arbeitnehmer und Staatsbürger nicht mehr zu übersetzen sind. Da mischt sich osmanisches Überheblichkeitsgefühl mit dem bekannten Territorialverhalten städtischer Gangs, und dazu läuft der Rap, HipHop oder Techno-Rhythmus. Es handelt sich um eine kulturelle Rhetorik der Würde, die sich völlig losgelöst hat von den industriellen Tugenden gesellschaftlicher Nützlichkeit. Vom Anderssein wird ein Recht des Dabeiseins abgeleitet.

Der Handel mit der kulturellen Identität kann verschiedenen Zwecken dienen. Er wirkt integrativ, wenn dadurch Besonderheit signalisiert wird, deren Berücksichtigung einfach die normale wechselseitige Rollenübernahme erleichtert. Fühlt sich hingegen eine Gruppe an den Rand der Gesellschaft gedrängt, dann liegt der kompensatorische Rückgriff auf feste und enge Herkunftsbindungen nahe. Man schließt sich ab gegen den Rest der Welt und brütet verschwörerische Weltanschauungen aus. Aber natürlich kann das Recht auf eine kulturelle Identität auch strategisch genutzt werden. Man droht mit kultureller Militanz, um sich Sonderrechte zu sichern. Das betrifft nicht allein staatliche Förderungsmaßnahmen oder institutionelle Arrangements, sondern geschieht genauso im Alltag. Das respektlose Verhalten mancher türkischer Jungmänner gegenüber deutschen Frauen gehört zu diesem Spiel der Austestung von Grenzen zivilen Wohlverhaltens. Man darf bei alledem freilich nicht vergessen, daß sich die meisten Immigranten auch in der zweiten und dritten Generation ihrem Herkunftsland immer noch stark verbunden fühlen. Denn es ist ein schwieriger seelischer Akt, den Prozeß der Migration ab einem bestimmten Punkt für beendet zu erklären.

Kultur als Ressource

Aus den legendären Untersuchungen der Chicagoer Schule ist bekannt, daß kulturelle Assimilation über subkulturelle Abgrenzung verläuft. Die Neuankömmlinge bauen ein Netz solidarischer Beziehungen auf, das sie einerseits vor feindlichen Reaktionen der Alteingesessenen schützt und andererseits einen sicheren Brückenkopf für die Eroberung der neuen Welt bildet. Das galt damals für die Italiener, Iren, Polen und Deutschen in den USA genauso wie es heute bei den Ostdeutschen in der neuen Bundesrepublik der Fall ist. Am wichtigsten ist der Austausch von Informationen über Lücken, Widersprüche und ungenutzte Räume im System der Ankunftsgesellschaft. Man muß wissen, wo man seine Ellbogen gebrauchen sollte und wo besser nicht, wann man sich systematisch dumm stellt und wann man sich offen und unverbraucht gibt, wie man sich Unterstützung verschafft und wie man lästig gewordene Mentoren wieder los wird. Bei diesen ganzen Manövern des Vorankommens kann man bei unbewußten Fehltritten und gezielten Unachtsamkeiten im Zweifelsfall die eigene kulturelle Fremdheit ins Feld führen. Denn was einen in dem Dschungel des

Aufnahmelandes wirklich voranbringt, ist nicht eine ängstliche Ethnologie des anderen und Fremden, sondern allein die kriegerische Energie des sozialen Aufstiegs.

Das eiserne Gesetz aller Subkulturen ist die Bevorzugung der eigenen Leute. Das beginnt bei der Wohnungsvermittlung und endet bei der Kapitalbeschaffung. Der ungeheure Vorteil eines dichten kommunikativen Beziehungsgeflechts besteht in der Minimierung von Transaktionskosten: Man versteht sich schneller und kooperiert verläßlicher, als es in der viel komplexeren Umwelt möglich ist. Besonders in den dynamischen Bereichen des Handels ist immer wieder zu beobachten, wie »ethnicity« zum Erfolg führt: die jungen Westindies unter den Londoner Brokern, die Koreaner auf dem New Yorker Immobilienmarkt und vielleicht die Ostdeutschen als Pioniere bei den in Deutschland so dringend benötigten Risikokapitalfirmen.

Bekanntermaßen bilden die Heiratsbeziehungen die Grundlage ethnischer Schließungen. Aus diversen Mafia-Filmen wissen wir, daß die Familie die eigentliche Keimzelle der subkulturellen Vergemeinschaftung darstellt. Die Heirat entscheidet über Treue oder Verrat in bezug auf die eigene Herkunft. Mit jeder neuen Generation wird die kulturelle Identität auf die Probe gestellt, und der Familienclan muß sich mit der Tatsache auseinandersetzen, daß Einwanderung und Aufstieg unweigerlich mit kulturellen Verlusten verbunden sind. Deshalb drehen sich um das Thema des Sexes die oft blutigen Kämpfe der kulturellen Assimilation.

Mit der Zeit macht sich jedoch für jede Gruppe von

Neuankömmlingen ein teuflischer Mechanismus geltend: Mit der voranschreitenden kulturellen Assimilation entschwinden die Grundlagen für die Rechtfertigung von Schwierigkeiten bei der sozialen Integration. Mit anderen Worten: Mit der gesellschaftlichen Öffnung steigt die persönliche Selbstverantwortung. Für die Erfolgreichen ist das kein Problem. Die werden zu Propheten des Individualismus und preisen die Gesellschaft, in der jeder nach seiner religiösen oder ethnischen »Präferenz« glücklich werden kann. Nur die Erfolglosen stehen dumm dar. Sie müssen sich sogar fragen, ob es ihnen zu Hause nicht bessergehen würde. Aber dahin gibt es keinen Weg zurück. Aus dieser Gruppe stammen die Propagandisten einer fundamentalistischen Kulturwut, die heute allen liberalen Gesellschaften droht. Mit der deutschen, französischen, mit der alemannischen oder der abendländischen Kultur könnte man sich noch anfreunden, aber nicht mit der demokratischen Moderne oder mit dem internationalen Markt. Man verschanzt sich hinter einer kulturellen Identität, die Ehre, Menschenwürde und Transzendenz verheißen soll.

Als einen interessanten Fall für diesen Vorgang sind die in Paris ausgebildeten Eliten des politischen Islamismus zu betrachten.[11] Sie haben dort mit brennendem Ehrgeiz die Schriften von Antonio Gramsci, Nicos Poulantzas und Immanuel Wallerstein studiert und mußten dann erleben, wie ihnen mit dem höhnischen Lächeln

---

11 Vgl. Gilles Kepel und Yann Richard (Hg.), Intellectuels et militants dans l'Islam moderne, Paris 1990.

des Besserwissenden mitgeteilt wurde, daß die Signifikanten tanzen und das Begehren wie das Geld sei. Mit solchen Entwertungserlebnissen beginnt ein bestimmtes Genre von Geschichten erlittener intellektueller Proletarisierung: Der Gedemütigte sucht nach einem Bezugsrahmen, an dem er sich wieder hochziehen kann, und findet ihn in einer imaginären Kultur der Herkunft. Rache ist der Ausweg eines unglücklichen Bewußtseins, das sonst in Selbstbezogenheit und Selbstverleugnung versinken würde.

Kultur als Täuschung

François Dubet und Didier Lapeyronnie benennen in ihrem schönen Buch über die Unruhen in den französischen Vorstädten[12] ein Dilemma der Vergemeinschaftung in der nachindustriellen Gesellschaft: auf der einen Seite die Kultur mit ihrem Versprechen eines expressiven Individualismus, der sich aus Traditionen und Wurzeln herleitet; und auf der anderen Seite der Markt mit seinen diversen Konsumchancen und damit assoziierten Lebensstilangeboten, die unaufhörlich wechseln und sich wiederholen. Die Immigrantenkinder der dritten Generation wollen beides: Rückhalt in einer Herkunft und Spaß am Konsum. Die Volkskultur der Vorstädte holt sich aus der Massenkultur, was ihr gefällt, setzt die Ele-

12 François Dubet und Didier Lapeyronnie, Im Aus der Vorstädte. Der Zerfall der demokratischen Gesellschaft, Stuttgart 1994.

mente anders zusammen und gibt sie in Gestalt von trickreichen Kombinationen und witzigen Einfällen an die riesige Maschine unserer gemeinsamen populären Kultur zurück. In diesen permanenten Transformationen bildet sich ein Gefühl von Gemeinschaft, das jedoch jederzeit in den Gegensatz von kulturellen Ursprungsmythen und konsumistischen Ekstasen auseinanderfallen kann. Dann stehen sich plötzlich der Popstar aus der »galère« und der fundamentalistische Prediger des Islam in harter Unversöhnlichkeit gegenüber. Beide wollen ihre Leute aus dem Herumhängen rausholen: der eine für einen glücklichen Moment, der andere für immer und ewig.

Wir sind an diesen lustigen, traurigen oder hoffnungslosen Geschichten über die Medien meistens als Konsumenten, manchmal als Staatsbürger und ganz selten als ethnologische Beobachter beteiligt. Wir verstehen ganz gut, was da vor sich geht. Wir sind doch selbst alle auf der Suche nach einer Herkunft und basteln uns als mehr oder minder direkte Erinnerung daran aus den verschiedenen Angeboten Wohnzimmereinrichtungen, Weltanschauungen und Lebensgemeinschaften zusammen. Das Ganze ist von Gelegenheiten und Details abhängig. Wir verwirklichen offenbar keine feststehenden Formen, sondern hantieren mit dem Vorgeformten und Vorgeschriebenen. Der Prozeß der Kultur besteht womöglich in dieser vielgestaltigen, taktischen und listigen Kreativität von Gruppen und Individuen, die in diesem Moment etwas Neues an den Tag bringt, was sich im nächsten als Variation eines bekannten Musters entpuppt. Das ist keine Besonderheit westlicher Massenkonsumgesellschaften, sondern so universell wie PCs, Levi's Jeans und Marsriegel.[13]

Der Blick auf die ungewollte, multiple und fragmentarische Praxis des Konsums könnte uns im übrigen von der unseligen Alternative von kulturellem Relativismus und geistigem Universalismus befreien. Als Kritik des romantischen Modells der kulturellen Relativität wird gerne das klassische Modell des menschlichen Geistes stark gemacht. Aber das eine ist so grundsätzlich wie das andere. Sowohl diejenigen, die behaupten, es gebe unzählige völlig unvergleichbare Spiele, die wir als Mitglied eines Geschlechts, einer Klasse, einer Zivilisation oder einer Nation in wunderbarer Isolation voneinander spielen, als auch diejenigen, die im Gegenteil behaupten, es gebe nur ein einziges großes Spiel, bei dem wir wohl oder übel alle mitspielen müßten, verkennen die Wirklichkeit der gemischten Verhältnisse. Dagegen veranschaulicht die Praxis des Konsums, wie Grenzen überschritten, Dinge kombiniert und Bedeutungen verschoben werden. Pop ist der Name für diese kulturelle Aktivität. Die Lehre von der kulturellen Relativität ignoriert die Existenz dieser Überschreitungen, die der kulturellen Universalität die Existenz der Grenzen.

Michael Thompson[14] plädiert daher für eine heraklitische Soziologie, in der alles Übergang und Konflikt ist

---

13 In diesem Sinne Arjun Appadurai, Modernity at Large. Cultural Dimensions of Globalisation, Minneapolis / London 1996.

14 Michael Thompson, Die Theorie des Abfalls. Über die Schaffung und Vernichtung von Werten, Stuttgart 1981.

und in der es keine Neutralität gibt. Wir verstehen uns besser als wir glauben, weil wir alle an den endlosen Mutationen der populären Kultur teilhaben. Vielleicht müssen wir gar nicht in existentialistischer Manier dem Wunsch nach Herkunft abschwören. Wir dürfen nur nicht glauben, daß es dafür ein gültiges Bild gäbe. Von Freud ist zu lernen, daß alle Erinnerung Deckerinnerung ist. Auch Kultur garantiert da keine Dauer. Das Ganze ist eben nur noch als Rest denkbar.

Die Zukunft der Religion

Was die Relevanz der Religion betrifft, scheint Europa am Ende unseres Jahrhunderts den Ausnahmefall darzustellen. Anders als in Lateinamerika, Afrika, Asien oder in der islamischen Welt und geradezu im Gegensatz zu Nordamerika herrscht bei uns ein müdes säkulares Selbstverständnis. Allein China weist auf den ersten Blick einen ähnlichen, wenngleich ganz anders zu erklärenden Niedergang religiöser Überzeugungen auf. Genauer müßte man von Westeuropa sprechen. Denn im Osten unseres Kontinents droht nach dem Ende des Kommunismus das Dritte Rom als geistiges Zentrum eines russischen Nationalismus wiederzuerstehen, und dazwischen versucht sich die katholische Kirche Polens als die exemplarische sittliche Gemeinschaft des Postsozialismus ins Spiel zu bringen. Noch genauer müßte man im Blick auf die nord- und südeuropäischen »Staatskirchenländer« (Hans Maier) den paradoxen Zusammenhang von entkirchlichtem lebensweltlichem Glauben und verkirchlichtem gesellschaftlichem Einfluß benennen. So werden gerade in Deutschland den Kirchen bekanntlich erhebliche politische und öffentliche Sonderrechte als einer gesellschaftlich relevanten Gruppe eingeräumt. Schließlich gehören in Westdeutschland nur 11 Prozent der Bevölkerung keiner Religionsgemeinschaft an – obwohl sich wiederum nur 11 Prozent der Befragten für tief oder sehr religiös erklären (allerdings antworten bei den einschlägigen Befragungen nur 20 Prozent, sie seien nicht oder überhaupt nicht religiös).[1]

Doch das Bild täuscht möglicherweise. Schon Anfang der sechziger Jahre hatte Thomas Luckmann vor einer Gleichsetzung von Kirche und Religion gewarnt und damit eine phänomenologische Wende in der Religionssoziologie vorbereitet. Die Anzahl der jährlichen Kirchenbesuche und der Umfang des Engagements in der Kirchengemeinde sagen noch nichts über die religiöse Verfaßtheit des Selbstverständnisses aus. Mit dem Begriff der »unsichtbaren Religion« identifizierte Luckmann dann eine neue Sozialform der Religion, die sich als logische Folge der funktionalen Differenzierung unserer Gesellschaft verstehen ließ.[2] Wenn für das Zurechtfinden in den diversen Bezugssystemen der alltäglichen Existenz die Orientierung an einem festen Ethos der Lebensführung eher hinderlich erscheint, dann muß sich das Bedürfnis nach ganzheitlicher Erfassung eines Lebenssinns in die Privatsphäre verlagern. Nicht mehr einem traditionell verbürgten und institutionell objektivierten »hei-

---

1 So zumindest die 1991 erhobenen Daten aus dem Datenreport des Statistischen Bundesamtes von 1992.

2 Thomas Luckmann, Die unsichtbare Religion, Frankfurt am Main 1991 (amerikanisch zuerst 1967).

ligen Kosmos« entnimmt der einzelne Vorstellungen »letzter Bedeutung«, sondern er sucht im Etui seiner kleinen Lebenswelt nach zwischenmenschlicher Korrespondenz und innerlicher Resonanz für das Selbst hinter den vielen Rollen. Religion hat dann, in den Worten von Lionel Trilling ausgedrückt, nur noch wenig mit ethischer Aufrichtigkeit, sondern vor allem mit persönlicher Echtheit zu tun.[3]

Luckmann und seine Generation hatten in den sechziger Jahren die Vereinigten Staaten als Leitgesellschaft des Westens vor Augen. Die amerikanische Redeweise von der eigenen »religiösen Präferenz« brachte den grundlegenden Wandel im Selbstverständnis des »außengeleiteteten Charakters« zum Ausdruck: Der »moderne« einzelne steht den Deutungen des Weltganzen als autonomer Konsument gegenüber und wählt aus den Angeboten »letzter Bedeutung«, was seinen persönlichen Erfahrungen entspricht. So konkurrieren auf dem freien Glaubensmarkt therapeutische Ratgeber mit theologischen Abhandlungen, erbauliche Romane mit naturwissenschaftlichen Kosmologien, soziologische Zeitdiagnosen mit mystischen Ankündigungen eines neuen Zeitalters. Die »unsichtbare Religion« der Zukunft ist sentimental und synkretistisch, sie beruht auf Gefühlen und Empfindungen, besteht aus losen und zerbrechlichen Systemen von Meinungen und ist auf die permanente, aber ungewisse Unterstützung durch »signifikante andere« angewiesen.

---

3 Lionel Trilling, Das Ende der Aufrichtigkeit, München 1980 (amerikanisch zuerst 1972).

Trotz aller Abneigung gegen das Zusammengesuchte und Unstete dieser persönlichen und privaten Religiosität wird der mit antiamerikanischen Ressentiments kämpfende Europäer eingestehen müssen, daß der heroische Rat, das Schicksal der Zeit männlich zu ertragen, nicht unbedingt ein besseres, jedenfalls sicher kein lebensdienlicheres religiöses Angebot darstellt.

Außerdem falsifiziert der amerikanische Fall die triviale Selbstverständlichkeit der Säkularisierungstheorie. Zwischen den Behauptungen einer fortgesetzten Differenzierung von religiösen und weltlichen Bezügen, einer weitgehenden Abdrängung der Religion in die Privatsphäre und einem Verblassen der religiösen Begeisterung existiert offenbar kein innerer Zusammenhang. Seit den Berichten von Alexis de Tocqueville aus der Neuen Welt interessiert den europäischen Beobachter die merkwürdige Gleichzeitigkeit von vollendeter politischer Emanzipation und höchstem religiösem Engagement. Die Lösung des Rätsels ist anscheinend in der strikten Trennung von Religion und Staat zu suchen, wodurch die Gesellschaft als offener Raum für das bunte Leben der verschiedenen Gesinnungsgemeinschaften freigegeben wird. Weil ein privilegierter Zugang zur zentralen Macht aufgrund des Ursprungsmythos der amerikanischen Nation von vornherein versperrt ist, kann jede Denomination ihrem eigenen weltanschaulichen Absolutismus frönen. Eine Denomination, so der amerikanische Religionsphilosoph Reinhold Niebuhr, der Erfinder des Begriffs, ist eine Kirche, die das Existenzrecht anderer Kirchen anerkannt hat. Womöglich liegen hier die Ursprünge des amerikanischen Pragmatismus, dessen philosophischer Energie, wie Hilary Putman erklärt hat,[4] dem Zusammendenken von Pluralismus und Holismus entspringt. Man kann das eine suchen und trotzdem das viele begrüßen.

Allerdings erklärt David Martin,[5] der 1990 unter dem Titel »Tongues of Fire« eine aufsehenerregende Untersuchung über das Buschfeuer des evangelikalen Protestantismus in Lateinamerika vorgelegt hat, daß wir beim religionssoziologischen Vergleich zwischen dem offenbaren Sonderfall Westeuropa und dem möglichen Normalfall Nordamerika nicht der Gefahr erliegen dürfen, alles auf einen ganz besonders auffälligen Unterschied zu konzentrieren, wo doch für die Gesamtentwicklung in Wirklichkeit mehrere, sich kumulativ verstärkende Faktoren verantwortlich sind.

Man muß zuerst den Unterschied zwischen dem religiösen Pluralismus in den Vereinigten Staaten und der Monopol- und Hegemonialstellung einzelner Konfessionen in Europa anführen. Daraus ergibt sich die interessante Folgerung, daß Konkurrenz auf dem Glaubensmarkt nicht weltanschaulichen Relativismus und religiöse Indifferenz befördern muß, sondern ganz im Gegenteil das religiöse Unternehmertum anspornen und die soziale Plastizität der religiösen Angebote erhöhen kann. Voraussetzung dafür ist natürlich die schon ge-

---

4 Hilary Putnam, Pragmatismus – Eine offene Frage, Frankfurt am Main/New York 1995.

5 David Martin, Säkularisierung in Europa – Glaubensvielfalt in Amerika. Zwei Ausnahmen und keine Regel?, in: Transit, Heft 8, 1994, S. 42–52.

nannte Trennung von Staat und Kirche. Staatskirchentum kann nämlich zur Ausbildung einer hegemonialen religiösen Kultur führen, auf die die dominierten unteren Gesellschaftsklassen mit wachsender Gleichgültigkeit oder plötzlicher Häresie reagieren. Des weiteren spielen die unterschiedlichen Wege der Nationenbildung eine Rolle: Der Betonung der zentralen Institutionen (England) oder gar der einheitlichen Repräsentation (Frankreich) widerspricht dem »horizontalen Gesellschaftsvertrag« der Vereinigten Staaten.

Die Einwanderergesellschaft muß mit kollektiven Identitätsbildungen anders umgehen als der auf einer einzelnen vorherrschenden Gruppenkultur sich gründende Nationalstaat. Im übrigen kann im Falle eines Glaubenswechsels der Eliten der Apparat einer dominanten Kirche ebenso leicht zur Propagierung intellektueller Ungläubigkeit genutzt werden, wie er früher der Verbreitung des unerschütterlichen Glaubens gedient hat. Schließlich darf man den ganz unterschiedlichen Verlauf der Geschichte des 20. Jahrhunderts auf beiden Seiten des Atlantiks nicht vergessen: den relativ friedlichen Aufstieg der Vereinigten Staaten zur imperialen Republik und den dreißigjährigen Krieg in Europa von 1914 bis 1945 – auf der einen Seite das optimistische Bewußtsein, an der Spitze des protestantischen Fortschritts zu stehen, und auf der anderen Seite das melancholische Bewußtsein als Folge großer ideologischer Desillusionierungen.

Man könnte versucht sein, den Vergleich zwischen der ersten und der zweiten Welt in eine Art Gesetz der religiösen Entwicklung in der Moderne zusammenzufassen:

Je stärker und länger sich institutionelle Glaubenssysteme gegen den Prozeß der Trennung von Religion und Staat sträuben, um so mehr werden sie auf lange Frist mit einem Rückgang des praktizierten Glaubens kämpfen müssen. Mit anderen Worten: Die Zukunft der Religion ist entweder amerikanisch oder gar nicht.

Nun erscheint das Bild freilich etwas zu einsinnig und folgerichtig. So wirkt die von dubiosen Tele-Evangelisten mobilisierte fundamentalistische »moral majority«, die einst hinter Ronald Reagan stand und die später wieder Politiker wie Newt Gingrich nach vorne gebracht hat, auf einen ironieerfahrenen europäischen Beobachter schon ein wenig gespenstisch. Dieser eigentümlichen Präsenz des Religiösen in die Politik stehen wir ziemlich fremd gegenüber.

Peter L. Berger erinnert in diesem Zusammenhang an die spezifisch amerikanische Symbiose von Religion und Klassenzugehörigkeit.[6] Die verschiedenen protestantischen Sekten galten in der Geschichte des Landes nicht nur als Indikatoren für die soziale Lage, sondern waren für die unteren Klassen vor allem Sozialisationsmilieus für den sozialen Aufstieg. Um die Jahrhundertwende zeigte in einer Stadt in Neuengland die Zugehörigkeit zur Episkopalkirche oder zu den Unitariern Oberklassenstatus an, mit leichtem, aber deutlichem Abstand zur mittelständischen Klientel der Kongregationalisten und Presbyterianer und streng geschieden von den noch dar-

---

6 Peter L. Berger, Sehnsucht nach Sinn. Glauben in einer Zeit der Leichtgläubigkeit, Frankfurt am Main/New York 1994, S. 53 ff.

unterstehenden Sekten der Baptisten und Methodisten. In diesem symbolischen System der sozialen Ungleichheit kam es einer sozialen Revolution gleich, als der Katholik John F. Kennedy amerikanischer Präsident wurde. Nach dem eindrucksvollen gesellschaftlichen Erfolg der Katholiken und der Juden nach dem Zweiten Weltkrieg trauten sich die Aufstiegswilligen aus den unteren sozialen Klassen in erster Linie den Kirchen der Heilungs- und der Pfingstbewegung an, um »protestantische Ethik« zu lernen und über die sozialen Netzwerke der Gemeinde den Weg nach oben zu schaffen.

Das bedrohliche Phänomen des evangelikalen Fundamentalismus in den Vereinigten Staaten von heute sieht Berger in einer tiefen Spaltung der Mittelklasse begründet. Da steht eine neue, mit der Entwicklung des Wohlfahrtsstaats entstandene psychosoziale Mittelklasse der alten Mittelklasse aus Gewerbetreibenden und Unternehmern gegenüber. Wo die einen auf soziale Unterstützung, persönliches Wachstum und multikulturelle Toleranz setzen, pochen die anderen auf Selbstverantwortung, Familiengeist und patriotische Gesinnung. Die politisch schwer handhabbare Dynamik dieser Konstellation ergibt sich daraus, daß die neue Mittelklasse soziale Anrechte verteidigt, während die alte Mittelklasse neue individuelle Optionen sucht. In der protestantischen Szene reproduziert sich diese Konfliktlinie im Verhältnis zwischen »aufgeklärtem« Klerus und »rückständiger« Laienschaft. Das moralische Programm der Geistlichen widerspricht den Bewährungsinteressen der Gläubigen. So kommt es, daß die evangelischen Hauptkirchen ihre soziale Funktion als Übungsfeld für den sozialen Aufstieg nicht mehr richtig erfüllen können. Sie entwickeln sich mehr und mehr zu Säkularisierungsschulen für die Nachkommen der gebildeten, aber kinderarmen neuen Mittelklasse. Wir haben dann die Situation, daß die evangelischen Kirchen der Hauptlinie über Mitgliederschwund klagen, während gleichzeitig die Anhängerschar der evangelikalen Sekten unablässig steigt. Wer auf der sozialen Leiter nach oben kommen will, dem steht nicht der Sinn danach, über den Zustand der Welt zu klagen und das Wesen seines Ichs zu erkunden, der will ethische Unterweisung und emotionale Unterstützung. Der Kulturkampf in der gegenwärtigen amerikanischen Gesellschaft und Politik stellt sich für Berger daher als ein über das Religionssystem ausgetragener Klassenkonflikt dar.

Man kann in dieser Sensibilität für die kulturellen Kämpfe und sozialen Konflikte die Modernität des amerikanischen Religionssystems erblicken. Nicht der Staat oder eine andere höherstufige Identitätsform drückt sich in der Religion aus, sondern die Gesellschaft selbst. Die Religionssoziologen verschiedenster Provenienz scheinen sich darin einig zu sein, daß freiwillige Denominationen und religiöser Pluralismus die institutionellen, Empfindungsbezogenheit und Meinungsoffenheit die individuellen Voraussetzungen einer modernen Religion kennzeichnen. Die private und sentimentale Religion Amerikas entspricht offenbar unseren Vorstellungen gesellschaftlicher Liberalität und persönlicher Autonomie. Damit ist zugleich das Gegenbild einer für uns nicht mehr akzeptablen Form der Religion benannt: eine naive und öffentliche Religion.

Die liberale Furcht vor einer Politisierung der Religion bezieht sich heute vor allem auf den Islam. Der Gegensatz zwischen unserer resignativen Toleranz und der revolutionären Entschlossenheit der politischen Islamisten beschwört intellektuelle Phantasien von einem großen »clash of civilizations« (Samuel P. Huntington). Dabei scheint die im Iran entstandene Islamische Republik im Zuge der Veralltäglichung des Charismas die Vorstellung vom »umfassenden Charakter« der Religion Stück um Stück zu reduzieren. Längst, beruhigt uns Jean-Marie Guéhenno,[7] hat der Islamismus den Anspruch aufgegeben, alle Aspekte des gesellschaftlichen Lebens zu regeln. Das muslimische Gesetz kann anscheinend ganz gut mit den Sendungen ungläubiger Fernsehstationen und den Transaktionen an einer kapitalistischen Börse koexistieren. Dem politischen Islamismus ist ein funktionsfähiges soziopolitisches Modell aus einem Guß nicht zu entnehmen. Daher scheint der Islamismus nach dem Scheitern seiner politischen Ambitionen den Islam auf eine religiöse Dimension zurückzuführen. Es gilt zwar immer noch das über den Volksgruppen und außerhalb der Geschichte stehende göttliche Gesetz, das die Gesellschaft als Ganze bestimmt, aber es dient nicht mehr als Anleitung für eine neue islamische Weltordnung, sondern als Kern eines partikularen islamischen Gemeinschaftsge-

7 Jean-Marie Guéhenno, Das Ende der Demokratie, München/Zürich 1994, S. 129ff.

fühls. Mit anderen Worten: Man will nicht die Einheit einer islamischen Welt herstellen, sondern die Differenz einer islamischen Nation.

Hier zeigen sich Übereinstimmungen mit dem Islam in Europa. Der unterscheidet sich insofern vom Islam in den Ursprungsländern, als es sich um ein Produkt unserer Gesellschaften handelt. Gilles Kepel[8] und andere haben in verschiedenen Untersuchungen über die Kultur islamischer Einwanderungsgruppen den komplexen Zusammenhang von Nachahmung und Abgrenzung gegenüber den europäischen Gesellschaften dargelegt. Dahinter stehen sowohl Erfahrungen der sozialen Ausgrenzung als auch der Wille zur bewußten Unterscheidung. Aber das Negierte bleibt präsent und leitet dadurch unmerklich den Prozeß der Negation. Gleichwohl macht der subjektive Glaube an eine Abstammungsgemeinschaft einen kulturellen Bruch mit der herrschenden Kultur jener Nation notwendig, in der die Einwanderer zwar leben, der sie sich aber nicht zugehörig fühlen. Es bedarf offenbar einer gewissen Zeit und eines bestimmten Funkens für einen solchen Akt kollektiver Abstoßung. Die islamische Revolution wirkte hier zweifellos initiierend. Aus zurückhaltenden Gastarbeitern wurden plötzlich leidenschaftliche Gläubige. Der Kampf um Anerkennung ließ sich nicht mehr sozialstaatlich regulieren, er wurde vielmehr im Zeichen von Ehre, Gesetz und Transzendenz geführt.

So dient die Religion in einer Situation des Zwiespalts

---

8 Gilles Kepel, Les banlieues de l'Islam. Naissance d'une religion an France, Paris 1987.

zwischen Aufnahme und Ausgrenzung der Rechtfertigung von Differenz. Man entgeht den Beziehungsfallen der Assimilation durch Setzung eines grundsätzlichen Unterschieds. Zugleich ist Anderssein auch eine Form des Dabeiseins. Die ganze Palette der modernen »Identitätspolitik« (Clifford Geertz) setzt symbolisierte Differenz als Bedingung für Beachtung, Schutz und Förderung – oder andersherum: für Mißachtung, Verfolgung und Schädigung voraus.

Das Ausmaß religiöser Begeisterung hat freilich noch mit einem weiteren Umstand zu tun. Claus Offe[9] hat in einem Aufsatz über barbarische Effekte moderner Gesellschaften drei Kategorien von Gesellschaftsteilnehmern auseinandergehalten: Es gibt unter den steigenden Anforderungen an gesellschaftlicher Teilnahme immer Gewinner, Verlierer und Überflüssige. Zwischen Gewinnern und Verlierern finden die zivilisatorisch geregelten Verteilungskämpfe statt; aber die Aussortierten, Nichtkompetenten und Unerreichbaren müssen darum kämpfen, überhaupt beachtet und beteiligt zu werden. Dafür reichen die normalen Methoden des symbolischen Handelns nicht aus. Man muß im Kampf um Anerkennung aufs Ganze gehen. Hingabe, nicht Distanz, Leidenschaft, nicht Interesse, Wahrheit, nicht Methode sind gefordert. Die panikartige Ungewißheit angesichts der Frage, ob man »noch« zu den Verlierern oder »schon« zu den Parias gehört, verlangt »ganz andere« Versicherungen. Eine sen-

---

9 Claus Offe, Moderne »Barbarei«: Der Naturzustand im Kleinformat?, in: Journal für Sozialforschung, Jg. 34, 1994, Heft 3, S. 229–247.

timentale und private Religion ist etwas für Gewinner, die manchmal auch verlieren. Wer jedoch in Gefahr steht, überhaupt aus dem Spiel zu fallen, der braucht ein kollektives, umfassendes und dauerhaftes »heiliges Universum«.

Ein anderer Kandidat für die westliche Sorge über gefährliche Entdifferenzierungsprozesse von Religion und Politik ist Rußland. Otto Kallscheuer[10] erkennt in der russisch-orthodoxen Kirche die geistige Vollzugshelferin eines antirömischen und antiwestlichen russischen Nationalismus. Nach dem Ende der Systemkonkurrenz tauchen also wieder ganz alte kulturelle Gegensätze auf. Die moderne Differenzierungsidee wird als Thema eines kalten, nie entschiedenen Kriegs zwischen Ostrom und Westrom entdeckt. Demnach hat die byzantinische Form der Herrschaft die These von den zwei Gewalten nie akzeptiert. Die absolute Universalität des Christentums blieb im zaristischen Rußland immer der weltlichen Macht untergeordnet. Augustinus ist ohne Einfluß geblieben, und ein Investiturstreit hat nicht stattgefunden. Man konstruiert dann eine latente Kontinuität des cäsaropapistischen Modells vom byzantinischen Zarentum zum »Gesamtkunstwerk Stalin« (Boris Groys) und findet in der kommunistischen Massenloyalität die heiligen Ikonen und die liturgischen Gesänge einer östlichen Volksfrömmigkeit wieder. In diesem Sinne basierten die stalinistischen Verbrechen auf dem

---

10 Otto Kallscheuer, Gottes Wort und Volkes Stimme. Glaube, Macht, Politik, Frankfurt am Main 1994.

kulturellen Code der orthodoxen Christenheit, der immer dann, wenn er politisch wurde, frömmelnd und brutal, diktatorisch und mystisch, konformistisch und zynisch war.

Freilich ist der ganze Zweck der Archäologie wieder die Rechtfertigung einer Differenz: Mit der Rekonstruktion der Differenz zwischen Byzanz und Rom wird gleichzeitig eine Differenz zwischen dem religiösen Modell des römischen Katholizismus und dem der amerikanischen Privatreligion aufgebaut. Es geht um die Frage, ob der christliche Glaube nicht doch auf institutionelle Verkörperungen angewiesen ist. Als das institutionelle Geheimnis der katholischen Kirche erscheint die Versöhnung der inneren Absolutheit des Glaubens mit der Vielfalt der religiösen Bekenntnisse, was in der auf dem Zweiten Vatikanischen Konzil erfolgten Erklärung der Religionsfreiheit seine Vollendung gefunden hat. Das Ich ist frei und braucht sich doch nicht mit sich allein zu fühlen. Es ist das Hintergrundbewußtsein von der langen Dauer der Kirche, das die »Unruhe des Herzens« mit der Verbindlichkeit des Vergangenen kontrastiert.

Die zivilgesellschaftliche Rolle der katholischen Kirche wird unterdessen am polnischen Fall diskutiert. Der religiöse Widerstand gegen eine atheistische Staatsreligion stellt sich insofern als historischer Glücksfall dar, als die Kirche gezwungen war, nicht nur für bestimmte religiöse Traditionen oder religiöse Sonderrechte einer Gruppe einzutreten, sondern für das Recht auf Religionsfreiheit als allgemeinem Menschenrecht. José Casanova[11] operiert mit der bekannte Trias von Staat, politischer Gemeinschaft und Zivilgesellschaft, um die neue Position der Kirche im Gemeinwesen zu bestimmen. Als Verteidigerin der Menschenrechte hat sie sich gegen den Staat gewandt, als Verfechterin der religiösen Tugenden von Glaube, Liebe und Hoffnung hat sie Distanz zur politischen Gemeinschaft gewahrt und in ihrem Beharren auf dem Wert der Solidarität hat sie sich an die Zivilgesellschaft gerichtet. Man sucht also nach Formen einer öffentlichen Religion, die die Errungenschaften des amerikanischen Modells mit den Erfahrungen einer europäischen Tradition verbinden können. Ob nun ausgerechnet die katholische Kirche Polens als exemplarischer Fall einer sittlichen Gemeinschaft gelten kann, die den universalistischen Heilsanspruch der Kirche mit zivilgesellschaftlicher Toleranz in Einklang bringt, mag dahingestellt bleiben. Jedenfalls treffen sich diese Überlegungen mit der jüngsten Analyse von Peter L. Berger und Thomas Luckmann,[12] die der Kirche die Funktion einer intermediären Institution in der dezentrierten Gesellschaft zuweisen. In der Vertretung christlicher Werte soll die Kirche eine Art gesellschaftliches Gewissen darstellen, das den einzelnen auffordert, die persönliche Moral mit öffentlichen Problemen und die Öffentlichkeit mit Fragen der privaten Moral zu konfrontieren.

---

11 José Casanova, Religion und Öffentlichkeit. Ein Ost-/Westvergleich, in: Transit, Heft 8, 1994, S. 21–41.

12 Peter L. Berger und Thomas Luckmann, Modernität, Pluralismus und Sinnkrise. Die Orientierung des modernen Menschen, Gütersloh 1995.

Es ist nur die Frage, ob wir die in solchen Vorstellungen virulente »Utopie des motivierten Lebens« nicht längst aufgegeben haben und uns am Ende doch das Kreisen um das »Geheimnis der Ganzheit« mehr anzieht. Joachim Matthes[13] hat darauf hingewiesen, daß in manchen asiatischen Kulturen solche Konzepte wie Säkularisierung, Privatisierung oder Zivilisierung nicht greifen. Man denke an den Japaner, der sich mal als Schintoist und mal als Buddhist begreift, oder an den Auslandschinesen, der in verschiedenen Versionen des Volksbuddhismus gleichermaßen zu Hause ist, sich zugleich als Konfuzianer versteht und womöglich des öfteren einen christlichen Gottesdienst besucht. Da ist Religion nichts Geschlossenes und Eindeutiges, weder von Ernst gekennzeichnet noch mit Konsequenzen verbunden. Man könnte glauben, da wird gespielt und ausprobiert – und doch ist alles von einem heiligen Schein umgeben.

---

13 Joachim Matthes, Was ist anders an anderen Religionen?, in: Jörg Bergmann, Alois Hahn und Thomas Luckmann (Hg.), Religion und Kultur, Sonderheft 33 der Kölner Zeitschrift für Soziologie und Sozialpsychologie, 1993, S. 16–30.

Die Stabilität der Familie

Die Soziologie der Familie hat Konjunktur. Seit Mitte der achtziger Jahre ist eine sprunghafte Zunahme von Veröffentlichungen zu verzeichnen, die sich so oder so mit dem Phänomen der Familie beschäftigen.[1] Man könnte den Eindruck gewinnen, daß in den letzten Jahren kein anderer soziologischer Gegenstand in ähnlicher Aspektfülle erforscht worden ist. Ob es um die Technisierung des Haushalts, junge Elternschaft, die Bauernfamilie im Modernisierungsprozeß, die Partner von Karrierefrauen oder erotische Alternativen in der Kleinfamilie geht – was die Beobachtung des Zusammenlebens von Leuten zum angeblichen Zweck der gemeinsamen Befriedigung sexueller Bedürfnisse oder, im glücklichen Fall, der kooperativen Aufzucht von Kindern betrifft, kennt der soziologische Voyeurismus keine Grenzen. Auffallend im Vergleich zu den einfachen Schicksalskategorien aus der

1 Vgl. als Überblick Laszlo A. Vaskovics (Hg.), Soziologie familialer Lebenswelten, Soziologische Revue, Sonderheft 3, Jg. 17, 1994, und als Vertiefung in mancher Hinsicht Bernhard Nauck und Corinna Onnen-Isemann (Hg.), Familie im Brennpunkt von Wissenschaft und Forschung, Neuwied/Kriftel/Berlin 1996.

klassischen Phase der Familiensoziologie in den fünfziger und sechziger Jahren ist eine gewisse metaphorische Ausdruckslust bei der Bestimmung des Gegenstands. Da ist von »Verhandlungsfamilien auf Zeit« und »Werkstattfamilien vor Ort«, von »Sukzessivehen« und »Fortsetzungsfamilien«, von »multipler« und »paralleler Elternschaft«, von »Hybridfamilien« und »Antifamilie-Familien« die Rede. Dahinter stehen natürlich die uns alle alarmierenden Tendenzen des Geburtenrückgangs, der Rückläufigkeit der Eheschließungen, der Zunahme unverheirateten Zusammenlebens, des Anstiegs der Scheidungsziffern, der geringeren Verbindlichkeit familialer Normen und der zunehmenden Wahlfreiheit im Bereich der privaten Lebensführung sowie des bewußten Verzichts auf Kinder, der Elternschaft ohne Ehe, der Erwerbstätigkeit beider Eltern oder gar der Scheidung trotz gemeinsamer Kinder. Es erhebt sich die bange Frage, ob die Familienideologie der Zukunft sich auf die trostlose Alternative des regressiven Rückzugs auf die »brave new families« oder der progressiven Verkündigung des vollmobilen Singles zuspitzt.

Aber trotz aller Unsicherheit der Begriffe, besonders des Kernbegriffs der Familie, lautet die Botschaft der herrschenden Meinung in der Familiensoziologie, daß die Familie als eine Gruppe eigener Art stabil ist – jedenfalls weitaus stabiler, als uns diverse Untergangsszenarien nahelegen. Man muß nur die Perspektive ein bißchen verschieben. So erweist sich der vielbeschworene Wandel zur »Pluralisierung familialer Lebensformen« als Wiederkehr einer Vielfalt, welche die

Familie immer schon gekennzeichnet hat. Von Peter Laslett[2] und anderen Vertretern der historischen Familienforschung wissen wir, daß die strenge Regel der Verknüpfung von Heirat und Haushalt in vorindustrieller Zeit ganze Bevölkerungsgruppen vom Recht auf Ehe ausschlossen, weil sie nicht über den notwendigen Besitz für eine Haushaltsgründung verfügten. Die sozial zwar repräsentative, aber kulturell nicht repräsentierte Geschichte der Knechte und Dienstmädchen zeigt, daß das bis in unser Jahrhundert ging. Heute beweist das Lebensschicksal vieler Migranten, die sich als Dienstpersonal in den Haushalten unserer neuen Mittelklasse nützlich machen, daß sich solche Gesetze auch ohne kirchliche Sanktionsgewalt durchsetzen. Geht man also von den real existierenden Beziehungen und nicht von der institutionellen Kunstform aus, dann gehören die ungewöhnlichen, anormalen und unordentlichen Lebensformen zum normalen Erscheinungsbild der Familie. Und von daher erscheint die unser kritisches Bewußtsein prägende Periode der fünfziger und sechziger Jahre, wo nur wenige Außenseiter ledig oder kinderlos blieben, als eine historisch einmalige Situation. Der Typ der individualisierten Kernfamilie erfüllte offenbar eine bestimmte Funktion in der Stabilitätszäsur der Nachkriegszeit. Jetzt haben wir, allerdings auf einem ganz anderen Niveau materiellen Wohlstands und sozialer Rechte, wieder die normalen Verhältnisse früherer Epochen: Heiratsaufschub, zwar

---

2 Peter Laslett, The world we have lost. England before the Industrial Age, London, 3. Auflage 1994.

nicht unbedingt wegen Ressourcenmangels, sondern auch zwecks Bildungsqualifikation und Geburtenrückgang, zwar nicht allein wegen Verfügbarkeitszwangs, sondern auch zwecks Optionserhalts.

Stabil scheint die Familie aber nicht nur durch Wiederkehr, sondern zugleich durch Wandel. Hier fallen besonders die demographischen Veränderungen ins Gewicht. Allein dadurch, daß die Bevölkerung immer älter wird, mehren sich die Chancen für den Kontakt zwischen mehreren Generationen einer Familie. Man wohnt zwar nicht unter einem Dach, doch es findet im Alltag ein reger Austausch von Unterstützungsleistungen zwischen den Generationen statt. Viele Kinder aus dem akademischen Milieu mit doppelbeschäftigten Eltern wachsen mit einer »fliegenden Großmutter« auf, die stets zu Sondereinsätzen bereitsteht. Freilich muß diese ganz genau wissen, wann sie wieder nach Hause zu gehen hat, damit Vater und Mutter in trauter Gemeinsamkeit auf dem italienischen Designersofa vor dem Fernseher einschlafen können. Man hat solche Verhältnisse »innere Nähe durch äußere Distanz« genannt und damit eine bestimmte Form der modernen Großfamilie beschrieben. So ist auf leisen Sohlen Wirklichkeit geworden, was man einst als utopisches Bild einer goldenen Vergangenheit hochgehalten hat. Das ursprünglich an Boden und Besitz gebundene Herrenschichtmodell der Großfamilie war in der Geschichte wohl noch nie so verbreitet wie heute.

Mit solchen Argumenten rüstet sich die soziologische Aufklärung gegen den Zeitgeist und wertet die soziale Wirklichkeit gegen die Luftschlösser einer kulturkritisch oder modernisierungstheoretisch dramatisierten Verfallsrhetorik auf. Gäbe es das Ehepaar Ulrich Beck und Elisabeth Beck-Gernsheim nicht, es müßte von der deutschen Familiensoziologie erfunden werden. Denn über weite Strecken erschöpft sich die raffinierte Suche nach Daten und die angestrengte Begründung von Befunden in der Abarbeitung an den fröhlichen Deutungen einer risikobewußten Gegenwartsdiagnose. Der nüchterne Blick, der Katastrophenbilder zurückweist und sich weitreichender Prognosen enthält, verteidigt am Ende eine Normalität, an deren Normalität eigentlich niemand so recht glaubt.

Wie sie sich auch dreht und wendet, einem Punkt entkommt die Soziologie der Familie nicht: daß die Diskussion um die Krise von Ehe und Familie so alt ist wie die wissenschaftliche Beschäftigung mit diesem Thema. Die Familiensoziologie kommt daher nicht umhin, die Rede von der Krise ihres Gegenstandes als Bestandteil des Gegenstandes selbst mitzubedenken.

Ob man nun bei Wilhelm Heinrich Riehl oder bei Frédéric Le Play einsetzt, die Familie wird als Schauplatz einer Gesellschaft angesehen, deren Bindekräfte nachlassen. Bindung ist das Thema und Selbständigkeit die Bedrohung. Freud verdanken wir dann die Erkenntnis, daß die Konstitution der bürgerlichen Familienwelt mit der Entdeckung zweier neuer Akteure zusammenhängt: nämlich den Frauen und den Kindern. Die Psychoanalyse begann mit der Selbstartikulation der Frauen, denen Freud die Begriffe für die Konstruktion ihrer eigenen Geschichte zur Verfügung stellte. Zäh und klebrig sind die Besetzungen der familialen Objekte, und jeder Schritt der

Loslösung wird begleitet von phantastischen Vorstellungen ihrer Einverleibung. Noch der krasseste Bruch kann die höchste Abhängigkeit bedeuten. Mit anderen Worten: Freiheit und Bindung haben einen inneren Zusammenhang. Wer den Impuls verspürt, nach draußen zu gehen, entdeckt sein Bedürfnis, drinnen zu bleiben. Die Situation der biographischen Wahl führt deshalb notwendigerweise in ein Dilemma: Der Verzicht auf die Freiheit macht die Bindung problematisch, wie andersherum der Verzicht auf die Bindung die Freiheit problematisch macht.

Die psychoanalytischen Geschichten stammen ursprünglich von den Frauen, werden aber aus der Perspektive der Kinder erzählt. Die Theorie des Ödipuskomplexes belegt, daß das Kind nicht passiver Abdruck seiner Eltern ist, sondern selbst ein Akteur im Familiensystem, der begehrt und haßt und dabei von seinen Eltern umworben wird. Freud hat die beiden binnenfamiliären Revolutionen, nämlich das Ende der Hausfrau und Mutter und die Emanzipation des Kindes, nicht nur vorweggenommen, sondern zugleich befördert. Die Psychoanalyse selbst ist zu einem Ausdruck der von innen revolutionierten Familie geworden. Bemerkenswert am psychoanalytischen Modell ist, daß die Familie als ein Mikrokosmos der Gesellschaft erscheint. Also nicht bloß überlastete Intimgruppe oder relativ autonomes Funktionssystem von Gesellschaft, sondern Austragungsort des sozialen Grundkonflikts. Das Beziehungsdrama zwischen Vater, Mutter und Kind dreht sich um den Gesellschaftsvertrag, der besagt, daß das normsetzende Dritte zuletzt die kommunikative Unendlichkeit der Zweierbeziehung zwischen

Mutter und Kind bricht. Das ist eine blutig ernste Geschichte, worauf die kindliche Phantasie bekanntlich mit der Vorstellung einer Kastrationsdrohung reagiert. Was immer man von psychoanalytischen Spekulationen dieser Art hält, sie weisen die Soziologie der Familie darauf hin, daß sie ihrem Gegenstand nur dann gerecht wird, wenn sie wieder dahin zurückkehrt, die Familie als paradigmatischen Gegenstand der Gesellschaftstheorie zu betrachten. Talcott Parsons, der von Freud gelernt hat, war sich darüber im klaren, und deshalb ist sein familiensoziologisches Werk aus den fünfziger Jahren[3] bis heute unübertroffen.

Aber damit wäre noch nichts über aktuelle Entwicklungen in den familialen Lebenswelten gesagt. Eine von verschiedenen Seiten mitgeteilte Beobachtung bezieht sich darauf, daß im Verständnis von Familie heute den Eltern-Kind-Beziehungen und nicht den Partnerbeziehungen das Primat zukommt. Das, wie man weiß, so störanfällige Modell der romantischen Liebe hätte demnach für die Familienleben eine viel geringere Bedeutung, als man unter der Voraussetzung gesteigerter Partnerschaftsnormen annehmen würde. Man heiratet oder bleibt zusammen, nicht weil die beiden sich lieben oder in verliebter Sexualüberschätzung glauben, ohne den anderen nicht leben zu können, sondern weil die prinzipiell kündbare Partnerbeziehung eine unkündbare Beziehung zu eigenen Kindern verspricht. Bindung ist das knappe Gut, für das die Familie sorgen muß.

---

3 Talcott Parsons/Robert F. Bales, Family, Socialization and Interaction Process, New York 1955.

Womöglich hängt mit diesem Kinderzentrismus auch der entzauberte Sex zusammen. Die sexualwissenschaftliche Inspektion der Gegenwartsfamilie kommt nämlich zu dem Ergebnis, daß sich ein Wandel von einer stummen, aber heißen Sexualmoral zu einer beredten, aber kargen Verhandlungsmoral vollziehe. Man kann über alles reden und es dann auch tun, aber es geht nicht direkt und begierig nach dem Muster männlicher Sexualdominanz. Leidenschaft, so das melancholische Resümee, werde durch Kommunikation ersetzt. Zum Glück sind da noch Milieuunterschiede und, was in Deutschland nach der »Wende« unumgänglich ist, regionale Unterschiede zu berücksichtigen. Die Vertragsmentalität ist in den unteren Klassen und im Osten Deutschlands nicht ganz so ausgeprägt. Vielleicht ist die Familie im Alltagsbewußtsein der Familienmitglieder überhaupt mehr eine Notgemeinschaft als eine Vertragsgemeinschaft. Dem Sex könnte das sogar zugute kommen.

Kinder sind im übrigen, worauf der Großvater Hans Paul Bahrdt aufmerksam gemacht hat, eine strukturkonservative Größe. Nichts mögen Kinder mehr als eine richtige heile Familie. Und wie jeder weiß handelt es sich bei ihnen um außerordentlich durchsetzungsfähige Vertreter des Konstanzgrundsatzes der Kleinfamilie. Dazu paßt der Befund, daß beim ersten, spätestens aber beim zweiten Kind das Bunte und Provisorische der familialen Lebensformen meistens endet. Immerhin leben gut zwei Drittel der Kinder in Deutschland bei ihren beiden leiblichen und verheirateten Eltern.

Es gibt freilich auch einige Rätsel. Man würde doch

glauben, daß die Hochschätzung von Ehe und Familie als gesellschaftstragende Institutionen sich positiv auf die Geburtenrate auswirken könnte. Im katholischen Italien findet man unter jungen Frauen ganz ähnlich wie im noch katholischeren Irland nur eine geringe Akzeptanz nichtehelicher Familiengemeinschaften. Aber man stößt auf eine extreme Differenz in der Geburtenrate zwischen diesen beiden Ländern. In Italien sind die jungen Frauen ähnlich sparsam im Gebären von Kindern wie in Deutschland, wir aber schätzen ähnlich wie die Schweden die liberale Vielfalt familialer Lebensformen. Das protestantische Schweden hat jedoch, immer bezogen auf die letzten zehn Jahre, eine ähnlich hohe Geburtenrate wie Irland aufzuweisen. Woher kommt es, daß die jungen Frauen in Italien in ihrer großen Mehrheit nach wie vor heiraten und eine Familie gründen, nur immer kleinere und immer später? Die Unterschiede in der nationalen Familienpolitik erklären vielleicht die vergleichsweise hohe Geburtenrate in Schweden, wo man anders als in Deutschland die Vereinbarkeit von Erwerbstätigkeit und Elternschaft durch gezielte sozialstaatliche Maßnahmen gerade für die Frauen zu erleichtern sucht. Aber zwischen den familienpolitischen Regimes Italiens und Irlands bestehen nicht so entscheidende Unterschiede. Der italienische Fall ist deshalb so interessant, weil hier eine fortgeschrittene Frauenbewegung existiert und die jungen Frauen gleichzeitig nicht bereit sind, auf ihre traditionelle häusliche Macht in Ehe und Familie zu verzichten. Es würde sich sicher lohnen, die europäischen Länder einmal nach dem Stand des Geschlechterkampfes zu sortieren, weil sich darüber mehr über die Struktur bestimmter Formen von Partner- und Elternschaft klären ließe als mit Hilfe einer bloßen demographischen Wirkungsforschung oder eines zweifellos anspruchsvolleren Vergleichs nationaler Familienpolitikprofile.

Unter methodischen Gesichtspunkten scheint der Familiensoziologie augenblicklich nicht mehr so ganz klar zu sein, was eigentlich unter einer Familie zu verstehen ist. Es wird argumentiert, daß die Konzentrierung auf den einzelnen Haushalt nur ein reduziertes und im Grunde irreführendes Bild der Familienrealität zeichnet. Es fehlt die Darstellung des ganzen Unterstützungsnetzwerks, in das die einzelne Kleinfamilie eingebettet ist. Mit einer gewissen Verspätung nähert sich die deutsche Familiensoziologie dem ethnologischen Begriff der Familie an, der die nukleare Verbindung zwischen Vater, Mutter und Kind immer schon aus der Logik der gesamten Verwandtschaftssysteme heraus erfaßt hat. Die Ethnologie hat sich nie mit der »modernen« Unterstellung einer Dominanz des Allianzprinzips über das Abstammungsprinzip anfreunden können. Es reicht schon, sich vor Augen zu führen, daß die Mutterschaft nicht nur eine Beziehung zwischen einer Frau und ihren Kindern darstellt, sondern zugleich eine Beziehung zwischen dieser Frau und allen Mitgliedern des Familiensystems, für die sie keine Mutter, sondern eine Schwester, eine Gattin, eine Kusine oder, was die Verwandtschaft betrifft, einfach eine Fremde ist. Hat man einmal die komplexe Architektonik von Verwandtschaftssystemen entdeckt, ergeben sich sofort weitergehende Fragen über deren Gestaltung in Abhängigkeit von demographischen und gesellschaftlichen Veränderungen. Wie wirken sich gestiegene Altersabstände, höhere Bildungsabschlüsse, wachsende Wertdifferenzen oder weitere räumliche Entfernungen auf Größe und Dichte des verwandtschaftlichen Netzwerks aus? Es ist sicher nicht so, daß die Unterstützungsleistungen zwischen den Verwandtschaftsteilen und Generationen abnehmen. Unterderhand erlebt die Tauschtheorie von Lévi-Strauss eine Renaissance. Solidarität unter Verwandten hat offenbar etwas mit aufgeschobener oder generalisierter Reziprozität zu tun: Das Familienmitglied denkt und handelt gar nicht so nutzen- und zweckbezogen, wie uns heutige Theorien rationaler Wahl suggerieren. Es fühlt sich vielmehr als Moment eines »totalen sozialen Sachverhalts« (Marcel Mauss), wo alles zugleich sozial und natürlich, magisch und ökonomisch, nützlich und sentimental, ästhetisch und moralisch ist.

Die Stadt und ihr Preis

Wenn es um die Zukunft der Stadt geht, werden heute im Prinzip zwei Vorstellungen gehandelt, die in unausgetragenem Widerspruch liegen: Während die einen die abendländische Gestalt der Stadt im Verschwinden begriffen sehen, lassen die anderen die moderne Idee des Städtischen im Begriff der »Global City« wiederauferstehen. So stehen wir für Hartmut Häussermann und Walter Siebel[1] am Ende des großräumlichen Verdichtungsprozesses, der unsere Welt über lange Zeit geprägt hat. Die Stadt stellt längst nicht mehr das gesellschaftliche Zentrum der Wertschöpfung durch Gewerbe, Handel und Dienstleistung dar, so wie sie noch Max Weber bei seinem ökonomischen Begriff der Stadt vor Augen stand. Die Technologie der Glasfaser und die Ökonomie der Flexibilisierung sorgen dafür, das sich die städtischen Funktionen in alle Richtungen verstreuen. Arbeitskräfte und Kunden können überall erreicht werden, und die dynamische mittelständische Industrie in Baden-Württemberg, in der Emilia Romagna oder

---

1 Siehe zum Beispiel Hartmut Häussermann/Walter Siebel, Stadt und Urbanität, Merkur, Jg. 51, 1997, S. 293–307.

in der Rhône-Alpes-Region demonstriert, daß sich von der kleinen Stadt aus die ökonomische Dialektik von lokaler Verankerung und globaler Orientierung viel besser bewerkstelligen läßt. Im übrigen entstehen an Ausfallstraßen und in Flughafennähe »Instant-Cities« mit ihren »Nicht-Orten« (Marc Augé), in denen der einzelne sich einer Welt der einsamen Individualität, der forcierten Durchreise, des Provisorischen und Ephemeren überantwortet sieht.

Die alteuropäischen Hauptstädte werden derweil zu Schatzkammern einer gloriosen städtischen Vergangenheit umgearbeitet. Spektakuläre Museumsneubauten und am laufenden Band inszenierte kulturelle Events unterstützen nur diese Verwandlung der Stadt in eine Ansammlung von Monumenten und Dokumenten, die in Sicherheit gebracht, gesammelt, klassifiziert, konserviert, aufbewahrt und zugänglich gemacht werden. Die erinnerte und die veranstaltete Stadt stellen zwei Seiten einer Medaille dar. In dieser Hinsicht erweist sich New York, das einstmals als Metropole urbaner Explosionen verdammt oder gefeiert wurde, als letzte europäische Großstadt, in der unter dem Diktat von »zero tolerance« Zonen der ruhigen Ansicht und des gefälligen Bestaunens eingerichtet werden. In dem Maße nun, wie die Stadt sich im Land auflöst und das städtische Ambiente sich in einen Ort der Erinnerung an die Stadt transformiert, verinnerlicht sich die urbane Kultur. Die Leistungen nervöser Selbstkonstitution, die die große Stadt dem Städter abverlangte, sind nicht mehr an zentrale Orte gebunden und werden auch nicht mehr von besonderen Orten erzeugt. Hartmut Häussermann und Walter Siebel gelangen am Ende ihrer Stadtsoziologie zu einer Idee ortloser Urbanität, die sich auf die sozialpsychologische Kompetenz des Umgangs mit Unsicherheit, Ambivalenz und Fremdheit reduziert. Für die Stadt selbst bleibt nur noch das Programm einer kompensatorischen Stadtpolitik, die, der kalten Logik des Verschwindens zum Trotz, die Erinnerung an die zivilisierenden Effekte von städtischer Größe, Dichte und Mischung wachhalten soll. Urbanität wird schließlich zum Synonym für gelungene Identitätsbildung in einer komplexen Gesellschaft erklärt.

Diesem schweren Abschied von den okzidentalen Stadt hält Saskia Sassen[2] ihr frisches Plädoyer für die Soziologie einer neuen urbanen Ökonomie entgegen, für die das Konzept der »Global City« steht. Der Grundgedanke besagt, daß am Ende des 20. Jahrhunderts infolge der postindustriellen Informationsökonomie im Weltmaßstab nicht nur neue Formen der Streuung, sondern gleichzeitig markante Gebilde der Konzentration und Zentralisation entstanden sind. Die Neutralisierung des Raumes durch die Telematik bezeichnet nur die eine Seite des Trends im neuen »Akkumulationsregime (Alain Lipietz)[3] des zu sich selbst zurückgekehrten Kapitalismus, die andere bilden die wirklichen, ortsgebundenen, hierarchisierten materiellen Prozesse und begleitenden Tätigkeiten, die das Wunderwerk der Globalisierung ermöglichen.

---

2 Saskia Sassen, Metropolen des Weltmarkts. Die neue Rolle der Global Cities, Frankfurt am Main 1996.

3 Alain Lipietz, Nach dem Ende des »Goldenen Zeitalters«. Regulation und Transformation kapitalistischer Gesellschaften, Hamburg 1998.

Die wichtigsten Wertpapierbörsen, die Plätze der größten Devisenmärkte und die umsatzstärksten Handelshäuser für Finanzderivate befinden sich nicht irgendwo, sondern in London, New York, Tokio, Frankfurt am Main, São Paulo, Hongkong oder Sydney. Einige dieser Städte fungieren bereits seit Jahrhunderten als Zentren des Welthandels und des internationalen Bankgeschäfts, andere sind mit der Globalisierung der Finanzmärkte im Zuge der weltweiten Freigabe der Wechselkurse der wichtigsten Währungen, der weitgehenden Liberalisierung der Kapitalbewegungen zwischen den einzelnen Nationalökonomien und vor allem des Entwicklungsschubs in der informationellen Technologie hinzugekommen. Dabei fällt auf, daß gerade mit der verstärkten Einführung der Telekommunikation in die Finanztätigkeit während der achtziger Jahre sich die Dichte der entsprechenden Geschäftsviertel in den genannten Städten erhöht hat. Die Erweiterung im Spektrum der Finanzinstrumente, die Erhöhung der Geschwindigkeit im Informationstransfer und die Steigerung des Grads der Verbundenheit der einzelnen Marktteilnehmer hat merkwürdigerweise die Rolle und Bedeutung bestimmter prominenter Orte wieder in den Vordergrund gerückt. Die logistischen Praktiken von Management und Steuerung drängen anscheinend zu bestimmten Formen der Festigkeit und Anschaulichkeit, die den verschiedenen »Global Cities« eine identische Struktur verleiht.

Indem Saskia Sassen nach dem materiellen Unterbau des realabstraktiven Globalisierungsprozesses fragt, wird sie zur historischen Materialistin dieser neuen Metropolen des Weltmarkts. So hat die Expansion des finanzindustriellen Komplexes nicht nur Beschäftigungsmöglichkeiten für hochqualifizierte und hochbezahlte Fachleute, sondern gleichzeitig für niedrigbezahltes und unqualifiziertes Personal geschaffen. Das System der Broker, Investmentbanker, EDV-Spezialisten, Immobilienhändler und Versicherungsexperten kann nur funktionieren, wenn es eine Menge Leute gibt, die aufräumen, instand halten, saubermachen und sichern. Was beiden Gruppen gemeinsam ist, sind prekäre Beschäftigungsverhältnisse, die Chancen an Risiken binden. Deshalb lockt die Stadt nicht nur junge alleinstehende Erwerbstätige an, die mit der Tugend der Orientierungslosigkeit spielen, sondern vor allem Arbeitsemigranten, die zu einer »Kultur des Zufälligen«[4] verdammt sind.

Was den Typ der »Global City« überhaupt kennzeichnet, ist eine Polarisierung der städtischen Lebensweisen. Auf der eine Seite haben wir die Bewohner aus der Headquarter Economy mit ihren dienstleistungsintensiven Konsumwünschen, was ausgesuchte Delikatessen, renovierte Altbauwohnungen und gepflegtes Vergnügen betrifft, und auf der anderen Seite die Ansammlung derer, die von Putzjobs leben, sich bei einem Subunternehmer für Dachausbau verdingen, eine Änderungsschneiderei betreiben oder mit einem Laden für asiatische Lebensmittel ihr Geld verdienen. Dies bildet die Grundlage für ein komplexes System informeller Ökonomie, das teils der inter-

---

4 Robert Castel, Nicht Exklusion, sondern Desaffiliation. Ein Gespräch mit François Ewald, in: Das Argument, Jg. 38, 1996, Nr. 217, S. 775–780.

nen Bedarfsdeckung dient, teils über externe Zulieferwege mit der »formellen« Wirtschaft verküpft ist. Dazwischen allerdings wird der Raum leerer, weil die tragenden Mittelschichten sich spätestens nach der Geburt des zweiten Kindes in die Vorstädte und ins Umland zurückziehen, wo sie die Familie als technisch unterstützte Produktionseinheit wiederbeleben und um ihr Eigenheim herum Netzwerke der Nachbarschaftshilfe und des Freundschaftsdienstes aufbauen. In den übers Land verstreuten Einkaufszentren und Baumärkten verschafft man sich die Grundstoffe für die erweiterte familiale Hauswirtschaft. Was die Gutverdienenden in der Stadt für diverse Serviceleistungen des alltäglichen Bedarfs ausgeben, können diese Mittelklassehaushalte sparen und ins Familienvermögen investieren, das dann in der Generationenfolge vererbt wird. Der Ort der Zugehörigkeit ist die Klein- und Vorstadt; die Großstadt ist und bleibt umkämpfter Raum.

Die »Global City« stellt somit eine verwobene, aber in sich gespaltene Agglomeration dar. Das rasche Wachstum von Wirtschaftszweigen mit einer hohen Konzentration an hoch- und schlechtbezahlten Arbeitsplätzen bringt eine urbane Dynamik hervor, die zunehmend mehr Ungleichheit produziert und nicht mehr, wie vielleicht noch bis in die siebziger Jahre hinein, der Ausbreitung einer industriegesellschaftlichen »Arbeitnehmergesellschaft«[5]

---

5 M. Rainer Lepsius, Wahlverhalten, Parteien und politische Spannungen. Vermutungen zu Tendenzen und Hypothesen zur Untersuchung der Bundestagswahl 1972, in: Politische Vierteljahresschrift, Jg. 14, 1973, S. 295–313, hier S. 308.

Raum bot. Die Entwertung des massenproduzierenden Gewerbes durch ein Regime von Flexibilisierung und Terminierung hat die Großstadt zu einem Experimentierfeld für »neue Reiche« und »neue Arme« gemacht: auf der einen Seite die gentrifizierten Viertel und auf der anderen eine blühende informelle Ökonomie. Dies ist der Hintergrund für die neueren Lebensstilerfindungen des »hard working girl«, des »City-Jugendlichen« oder des »young urban professional«. Bei Saskia Sassen bezeugt die »Global City« noch einmal die Kraft der urbanen Utopie: Junge, hochqualifizierte und risikobewußte Leute suchen zusammen mit Arbeitsmigranten aus aller Welt ihr Glück in den alten und neuen Metropolen des Weltmarkts. Allerdings ist die stimulierende Kultur der Differenz nur um den Preis einer sich vertiefenden sozialen Kuft zu haben.

Ob man nun der Ansicht ist, daß die abendländische Erfahrung der Stadt nur mehr als Erinnerung oder immer noch als lebendige Wirklichkeit gelten kann, so unterstellen doch beide Positionen, daß die Stadt der exemplarische Ort der Gesellschaft ist: im einen Fall als Ursprungsort moderner Subjektivität, im anderen als Austragungsort postmoderner Globalität. Das liegt ganz auf der Linie der großen soziologischen Versuche über die Stadt, die sie mal als Ort des Aufstiegs aus der Unfreiheit in die Freiheit durch das Mittel geldwirtschaftlichen Erwerbs,[6] mal als Ort der unvollständigen Integration, wo sich die Indivi-

6 Das berühmte Kapitel über die Typologie der Städte in Max Weber, Wirtschaft und Gesellschaft, Tübingen 1972, S. 727–814.

duen als Individualitäten begegnen,[7] mal als Ort der soziologischen Neugierde und des sozialen Experiments[8] bestimmt haben. Schließlich besteht, wenn man einen langen Trend verfolgt, eine gewisse, wenngleich keinesfalls perfekte Korrelation zwischen Urbanisierung und Modernisierung. Vom Mittelalter bis 1800 machten die Bewohner der Städte ein Zehntel der europäischen Bevölkerung aus; 1900 erreichte der Anteil fast ein Drittel und 1950 ungefähr zwei Fünftel; aber im Jahre 1980 lebten zwei Drittel aller Europäer in der Stadt.[9] In keinem Fall jedoch versteht sich die Stadt von selbst. Sie ist der Ort von Nivellierung und Differenzierung, von Nervosität und Gemeinsinn, von individueller Bewußtheit und kollektivem Automatismus. Die Soziologie liebt das Denken in Formen widersprüchlicher Einheit und kann doch den Impuls nicht unterdrücken, sich an den gemeinsamen Ort zu versetzen, wo die verschiedenen Perspektiven, Positionen und Rollen in der Stadt verteilt werden. Man ist versucht, nach Ursprüngen und Metamorphosen, nach organisierenden Metaphern und grundlegenden Problemen, nach durchgängigen Themen und wiederkehrenden Alternativen in den Bildern der Stadt und in den Vorstellungen vom städtischen Leben zu fragen. Dazu muß man wohl weit zurückgehen und darf sich nicht scheuen, nach dem Letzten zu sehen.

---

7 Hans Paul Bahrdt, Die moderne Großstadt. Soziologische Überlegungen zum Städtebau, Reinbek bei Hamburg 1961.

8 Robert Ezra Park u. a. (Hg.), The City, Chicago 1967.

9 Vgl. Göran Therborn, European Modernity And Beyond, London/Thousand Oaks/New Delhi 1995, S. 184.

Für den griechischen Menschen, schreibt Jacob Burckhardt,[10] war die Polis der eigentliche Zweck seines Daseins. Im Unterschied zum Dorf, wo man sich manchmal gegen Landräuber und Piraten zur Wehr setzen muß, aber ansonsten der erdverbundenen Existenz eines Bauern nachgeht, konstituiert sich die Polis als starker Bürgerverband mit einer konzentrierten politischen Kraft. Die griechische Polis geht von vornherein vom Ganzen aus, das früher und dauernder ist als alle seine Teile, sei es eine einzelne Gruppe, eine einzelne Familie oder ein einzelner Mensch. Sie stellt ein höheres Wesen dar, das entstanden ist, damit der Bürger richtig, glücklich, edel und aufrichtig leben kann.

Zum baulichen Inventar einer griechischen Stadt gehörten Amtsgebäude, Gymnasion und Theater. Aber den eigentlichen Mittelpunkt der Polis bildete die Agora. Aristoteles verlangt einen Platz der Freien, wo nichts verkauft werden und wo kein Arbeiter und kein Bauer sich einfinden darf. Man muß sich eine Art Bühne vorstellen, auf der politische Größe und heldenhaftes Verhalten aufgeführt und dargestellt wird. Es handelt sich um einen öffentlichen Raum, in dem jeder um der ersten Platz unter Freien und Gleichen kämpft. Das aus Geschäft, Gespräch und Müßiggang gemischte Zusammenstehen und Schlendern sollte über den agonalen

---

10 Jacob Burckhardt, Griechische Kulturgeschichte (Bd. 1). Achter Band der Gesamtausgabe, Stuttgart/Basel 1929, S. 55 ff.

Charakter der Veranstaltung nicht hinwegtäuschen. Bürger im vollen Sinne des Begriffs ist nur, wer sich aktiv und streitig einsetzt.

Man kann das Ideal der Polis so verstehen, daß es für den Bürger eine Garantie gegen die Vergeblichkeit und Vergänglichkeit eines einzelnen Lebens bot. Die Agora definierte einen öffentlichen Raum, der gegen alles Vergängliche geschützt und allein dem Dauerhaften vorbehalten war. So war die ganze Existenz in der Polis darauf ausgerichtet, dem sterblichen Menschen Unsterblichkeit zu gewähren. Der Preis für dieses Versprechen war allerdings hoch. Im Krieg- oder Konfliktfall fehlte gegenüber den Interessen der Polis jeder Schutz des persönlichen Lebens und des individuellen Besitzes. Die Opferpflicht des Bürgers kannte im Prinzip keine Grenzen. Wer nicht völlig im Engagement für die Polis aufging, dem wurde das Leben schwergemacht. Tod und Exil waren Zwangsmittel, von denen ausgiebig Gebrauch gemacht wurde.

Die Polis stellt ein sozial und politisch homogenes Gemeinwesen dar und paßt daher zum modernen Selbstverständnis nicht mehr. Hegel zum Beispiel hat den Prozeß der institutionellen Differenzierung in die Sphären von Politik, Wirtschaft und Familie beschrieben, wodurch die »allgemeine«, das heißt gemeinsam geteilte und persönlich verpflichtende Sorge um die politische Gemeinschaft aus den Köpfen und Herzen der Menschen verschwunden ist. Trotzdem wirkt die Fiktion vom unbedingten Bürgertum in der Stadt bis heute fort. Hannah Arendt hat in ihrer großen Erinnerung an die »ursprünglich griechische

Auffassung von dem, was Politik eigentlich ist«[11] bekanntlich noch einmal das Polisideal des Stadtbürgers wiederbelebt, der sich nicht nur passiv zu »verhalten« vermag, sondern auch aktiv »handeln« kann. Das hat nichts mit der modernen Sorge um Authentizität zu tun. Der zum Handeln fähige Bürger denkt in Kategorien der politischen Leidenschaft und des öffentlichen Glücks und weiß sich dabei seiner Stadt verpflichtet, die seine Welt ist.

Bevor in der Stadt die »Gesellschaft« aufstieg, war in ihr also die »Politik« beheimatet. Es ist zweifelhaft, ob ein Begriff der Stadt möglich ist, der diese abendländische Erinnerung tilgen kann. Selbst Max Weber mit seiner Betonung des geldwirtschaftlichen Erwerbs hebt in seinen historischen Rekonstruktionen auf eine durchaus revolutionär zu nennende Bürgerverbrüderung als primärem Akt der Stadtgründung ab. Wenn nunmehr in kritischer Absicht immer wieder von der »Wiedergewinnung des öffentlichen Raums« in der modernen Großstadt die Rede ist, muß die Frage nach den Akteuren und Subjekten eines solchen Projekts gestellt werden. Daß Stadtplaner und Sozialanimateure dafür schlechte Kandidaten sind, dürfte nach den enttäuschenden Erfahrungen mit »wohlfahrtsstädtischen Interventionen« (Jürgen Krämer) der siebziger Jahre nicht mehr strittig sein. Warum sollte sich eine aktive bürgerliche Minderheit dazu veranlaßt sehen, »öffentlichen Raum« zu schaffen, wenn nicht aufgrund einer Begeisterung für das öffentliche Wohl ihrer Stadt?

---

11 Hannah Arendt, Vita activa oder Vom tätigen Leben, Stuttgart 1960, S. 28.

Das heute herrschende Bild der Großstadt ist indes nicht vom politischen Stadtbürger, sondern vom »Mann auf der Straße« geprägt. Der ist ein anonymer und alltäglicher Held, der sich in einer anpassungsfähigen und zusammenhängenden Masse bewegt. Sein Medium ist das Gemurmel der Gesellschaft, das zu allen Zeiten den Texten vorausgeht. Zeugnis von ihm gibt deshalb in erster Linie die Photographie, die den Augenblick der Begegnung in der Menge einfängt. »Die Entzückung des Großstädters«, heißt es an berühmter Stelle, »ist eine Liebe nicht sowohl auf den ersten als auf den letzten Blick.«[12] Weil der Abschied sofort für ewig ist, kann sich im Augenblick der Begegnung ein Traumbild höchster Intimität einstellen.

Besonders die Großstadtforschung der Chicagoer Schule hat das Bild von der Großstadt als romantischem Erfahrungsraum gepflegt. Das soziologische Abenteuer ist gleichbedeutend mit dem Abenteuer der Großstadt. Man tritt in eine Welt, die die »Neuformierung von Charakter und Wesen, von Psyche und Physis« verlangt.[13] Allerdings bekommt hier die Romantik Rhythmus und Tempo: Für Robert Ezra Park und seine Leute stand nicht der wandelnde Flaneur aus der Hauptstadt des

---

12 Walter Benjamin, Über einige Motive bei Baudelaire, in: ders., Illuminationen, Frankfurt am Main 1961, S. 215.

13 Gottfried Korff, Berlin, Berlin. Menschenstadt und Stadtmenschen, in: Ulrich Eckhardt (Hg.), 750 Jahre Berlin, Frankfurt am Main/Berlin 1986, S. 144–155, hier S. 145.

19. Jahrhunderts, sondern der rasende Reporter aus der amerikanischen Großstadt des 20. Jahrhunderts Pate. Es geht um eine »Soziologie aus der Erfahrung der Reportage«.[14] Die Praktiken des »nosing around« beziehen sich auf eine urbane Wildnis, in der einem in jedem Moment und an jeder Ecke das Atypische, Unerwartete und Regelwidrige widerfahren kann. Der Soziologe muß sich mit den Augen und Ohren des Reporters dem »Mann auf der Straße« angleichen und wie dieser als anonymer Fremder dem rätselhaften Leben der Gesellschaft auf der Spur bleiben. Romantisch ist die Einstellung auf die Möglichkeit von Paradoxie und Ironie, weshalb damit zu rechnen ist, daß in der Stadt Böses aus guten und Gutes aus bösen Absichten entstehen kann.

Die klassische Vorlage für dieses Bild der Großstadt hat Georg Simmel geliefert. Das Geheimnis seines 1903 veröffentlichten, ungemein einflußreichen Aufsatzes »Die Großstädte und das Geistesleben«[15] besteht darin, daß die Dichte der Beschreibung durch die Einseitigkeit der Perspektive bedingt ist. Das städtische Leben ist Simmel zufolge von zwei Logiken beherrscht: von einer Logik des Ausschlusses und von einer der Steigerung. Das Medium des Ausschlusses ist das Geld. So verdrängt die in den Großstädten dominierende Geldwirtschaft die letzten Reste der Eigenproduktion und des unmittelba-

---

14 Rolf Lindner, Die Entdeckung der Stadtkultur. Soziologie aus der Erfahrung der Reportage, Frankfurt am Main 1990.

15 Georg Simmel, Die Großstädte und das Geistesleben (1903), in: ders., Das Individuum und die Freiheit, Berlin 1984, S. 192–204.

ren Warentauschs. Geld bedeutet rechnerische Sachlichkeit und universelle Käuflichkeit, was der solidarischen Notgemeinschaft den Boden entzieht. Die städtischen Verkehrsformen beruhen auf Pünktlichkeit und Exaktheit, was alle eruptiven, instinktiven und souveränen Verhaltensweisen ausschließt. Effizienz und Konkurrenz bewirken eine ungeheure Zusammenballung der Erscheinungen in der Menschen- wie der Warenwelt, der nicht mehr mit ursprünglicher Gemütsruhe, sondern nur noch mit empfindlicher Intellektualität und sublimierter Affektivität beizukommen ist. Geldwirtschaft, ergibt sich aus der tiefen hermeneutischen Suche nach Wahlverwandtschaften, begünstigt Verstandesherrschaft.

Der Ausschluß des Landes aus der Stadt bringt andererseits die berühmte »Steigerung des Nervenlebens« mit sich. Dem Tempodruck und Schnittwechsel im Bewußtseinsstrom kann der einzelne nur durch eine Strategie der Abstumpfung Herr werden. Simmel spricht von einer Erfahrung der Entwurzelung und Vergewaltigung durch die Großstadt. Reserviertheit und Blasiertheit muß man als psychologische Bewältigungsreaktionen verstehen, die mit der Unfähigkeit zusammenhängen, auf die vielen einzelnen neuen Reize mit der ihnen angemessenen Energie zu antworten. Nicht die Distinktionsmechanismen der Klasse, vielmehr die Verarbeitungsformen der Seele stehen für Simmel also im Vordergrund. Der Großstädter bezeichnet einen jenseits von Klasse und Stand sich bewegenden Typ eigener Art, der sich mit Hilfe eines Schilds vielfach gestufter Distanzen und Abwendungen durch den Dschungel seiner Welt schlägt. Selbst der Blick muß verborgen bleiben. »Don't focus!« lautet die unbedingte Regel für die Subway in New York. Weil man sich nicht zu nahe kommt, kann eine so große Anzahl auf so geringem Raum miteinander zurechtkommen.

So wie die Herrschaft des Geldes alle Formen des einfachen Lebens aus der Stadt verbannt, öffnet sich die städtische Bühne für die Selbstdarstellung des einzelnen. Die »Erregung von Unterschiedsempfindlichkeit« wird zur absoluten Direktive des »impression managements«.[16] Im alltäglichen Kampf um Aufmerksamkeit werden die Formen des Sich-Bemerkbarmachens und Sich-Heraushebens experimentiert, selektiert und stabilisiert. In der Kürze und Seltenheit des Kontakts muß sich konzentrieren, wofür sonst häufiges und langes Zusammenkommen sorgte. Der Reiz des großstädtischen Lebens besteht darin, größte innere Freiheit im dichtesten Gewühl zu gewinnen. Die klassische Literatur des Stadt ergeht sich in Schilderungen der Cafés, Bars, Hotelhallen und Restaurants, in denen sich das Intellektuelle, Exzentrische und Aparte zur Schau stellt. Aber auch der »Mann auf der Straße« wird zum »normalen Devianten«, der darum bemüht ist, sich sichtbar zu machen, ohne auffällig zu werden. In der Stadt lernt man die Kunst des kleinen Normbruchs und des gelegentlichen Unterlassens, womit freilich immer die Gefahr der Verwundbarkeit und das Risiko der Stigmatisierung verbunden ist. Abweichung gehört zur Inszenierung von Konformität. Es ist, wie das

---

16 Erving Goffman, The Presentation of Self in Everyday Life, Harmondsworth 1969, S. 203 ff.

Phänomen der Mode veranschaulicht, ein ewiges Spiel von Angleichung und Abstoßung.

Was von den Bewunderern dieses Simmelschen Bildes eines städtischen Pantheismus jedoch gerne übersehen wird, ist die darin liegende Unterstellung einer Entwicklungstendenz sozialer Evolution: Die Erfindung der Stadt dient der Milderung ursprünglicher Abgrenzung durch höherstufige Wechselwirkung. Und dies geschieht auf dem Wege von Ausschluß und Steigerung. Als Gebilde höchster Unpersönlichkeit und Raum feinster Unterschiede steht die Großstadt in radikalem Gegensatz zur Kleinstadt und zum Landleben. Man erkennt sofort die Gesetzmäßigkeit, die die Stadt mit der Moderne verbindet: die Durchsetzung universeller Abstraktion und die Steigerung individueller Differenz.

Aber die Stadt ist nicht nur Ort des Ausschlusses, sondern auch des Einschlusses, nicht allein Ort des Individualismus, sondern zugleich des Kollektivismus. Wenn die postmoderne Großstadtforschung das Beieinander von »formeller« und »informeller« Ökonomie, von Geld- und Familienwirtschaft, von feinen Finanzdienstleistungsfirmen und windigen Sweatshops gerade in den Metropolen des Weltmarkts herausstellt, dann folgt sie nur den Vorgaben der Chicagoer Schule, die in ihren legendären Untersuchungen über italienische oder polnische Einwanderer in die USA dargelegt hat, daß kulturelle Assimilation über subkulturelle Abgrenzung verläuft. So kommt mit jeder Einwanderungswelle ein Stück Land in die Stadt, setzt sich in »natural areas« fest, konstituiert sich als »community« und kulturalisiert sich als »ethnicity«.

Nach diesem Bild besteht die Stadt aus einem »Mosaik kleiner Welten, die sich berühren, aber nicht durchdringen«.[17] Die Stadt ist daher nicht positiv über einen herrschenden großstädtischen Stil, sondern nur negativ über kulturellen Kampf und politischen Wettbewerb zwischen den einzelnen »communities« integriert. Denjenigen, die in diesen Auseinandersetzungen auf längere Dauer den kürzeren ziehen, bleibt nichts anderes übrig, als sich auf einen bestimmten städtischen Bezirk zurückzuziehen. Für die in letzter Zeit wiederentdeckte »urban underclass« gilt, daß die räumliche Segregation nicht mehr nur Ausdruck, sondern eine Ursache ihrer Benachteiligung geworden ist.

Der andere, für unsere Erzählung der Stadt womöglich entscheidendere blinde Fleck in Simmels Perspektive kommt von einer Angezogenheit durch den Typ großstädtischer Individualitäten: wie die Schutzlosigkeit, Beliebigkeit und Flüchtigkeit des Kontakts die einzelnen aneinanderkettet und voneinanderabstößt. Die Leute auf der Straße nehmen sich nicht als Exponenten sozialer Gruppen, sondern als einzelne Individualitäten wahr – und es treibt sie die Hoffnung auf eine unmittelbare und unvermittelte Begegnung in der Menge. Die zivilisatorische Funktion der Stadt ist diesem romantischen Szenarium zufolge darin zu sehen, daß sie den Platz bereitstellt für die Konstitution des »allgemeinen Men-

---

17 Robert Ezra Park, The City: Suggestions for the Investigation of Human Behavior, in: ders. et al. (Hg.), The City, Chicago 1967, S. 1–45, hier S. 40.

schen« und zugleich für den Auftritt des vereinzelnen einzelnen in seinem grundlosen Anderssein. Nur geht der Streit zwischen diesen beiden Aspekten der Person nicht immer für den Typ nervöser Individualität aus, er kann sich genauso für den totaler Kollektivität entscheiden. Wenn man sich zu sehr auf Simmels letztlich romantisches Bild der Großstadt verläßt, bringt man sich um das Verständnis des Typs der Großstadt, der unser 20. Jahrhundert vielleicht mehr geprägt hat, als ein oberflächliches und harmloses Verständnis von Modernität glauben mag. Das ist die von den Architekten der klassischen Moderne erträumte und von den Ingenieuren eines revolutionären Bewußtseins hergestellte monumentale Stadt.

Die monumentale Stadt des 20. Jahrhunderts

Isaiah Berlin hat mit seinen beiden Freiheitsbegriffen eine Bilanz der politischen Ideengeschichte unseres Jahrhunderts gezogen.[18] Was die Leute bewegt und als »historische Subjekte« in Konflikt gegeneinander gebracht hat, waren Widersprüche und Übergänge zwischen einer »negativen« und einer »positiven« Vorstellung der Freiheit: Im »negativen« Sinne bedeutet Freiheit in erster Linie Autonomieschutz für den einzelnen und Garantie eines persönlichen und privaten Bereichs, in den das Indivi-

---

18 Isaiah Berlin, Zwei Freiheitsbegriffe (1958), in: ders., Freiheit. Vier Versuche, Frankfurt am Main 1995, S. 197–256.

duum sich zurückziehen und von dem aus es seine Vorstöße in die öffentliche Welt starten kann; im »positiven« Sinne kann Freiheit nur von der Idee der Selbstbestimmung und Selbstverwirklichung her gedacht werden, die es dem einzelnen erlaubt, sich nach den inneren Gesetzen der Individualität zu verstehen und zu verhalten. Im einen Fall will man sich als persönliches und privates Individuum selbst bewahren, im anderen als öffentliche Person seiner selbst Herr werden. Der Freiheit *von* steht die Freiheit *zu* etwas gegenüber.

Es ist unmittelbar einsichtig, daß beide Konzeptionen unterschiedliche Anschauungen des »öffentlichen Raums« beinhalten: Wenn dieser im Sinne der »negativen Freiheit« zunächst und zumeist als Darstellungsfeld für sich bestehender und jenseitig verankerter Individualitäten begriffen wird, werden darauf ganz andere Erwartungen gerichtet, als wenn er von vornherein als Ausdrucksgestalt eines kollektiven Willens konzipiert ist. Während die »einsame Masse« der Paare und Passanten sich in den Distrikten von Konsum und Vergnügen ihren Weg bahnt, braucht die Masse der Klasse und des Volkes zentrale Orte und räumliche Stützpunkte, um sich ihrer selbst ansichtig werden zu können. Hier gilt der »öffentliche Raum« nur mehr als Ort der Gesellschaft, dort vor allem als Ort der Politik.

In, wie er selbst sagt, möglicherweise unbequemen Betrachtungen über die »Weltstadt« hat Le Corbusier 1929 den Wunsch nach Organisation gefeiert.[19] Nach einer

19 Le Corbusier, Feststellungen zu Architektur und Städtebau. Mit einem

Zeit der Unordnung, des Zweifels und der Verwirrung könne die Suche nach einer wirkungsvollen Organisation als Bestätigung dafür genommen werden, daß etwas Großes sich vollzogen habe. Le Corbusiers Architektur der vollkommenen Funktion kann man als Ausdruck eines monumentalen Willens zur Definition der modernen Stadt verstehen. Das Haus als Wohnmaschine und das Building als Arbeitsmaschine sollen den Geist einer neuen Zeit manifestieren. Die Führungsrolle liegt nicht mehr beim empfindsamen Humanismus des 19. Jahrhunderts, sondern beim Aktivitätstyp des Maschinenzeitalters, für den Standardisierung, Industrialisierung und Taylorisierung weder grausam noch frevlerisch sind, sondern ganz im Gegenteil zu Ordnung, Perfektion, Echtheit und Freiheit führen.

Moskau ist für Le Corbusier die Stadt der Zukunft, die im Zeichen von Technik, Verkehr und Geschwindigkeit eine neue Epoche des Städtebaus einleitet. In den alteuropäischen Städten regiert dagegen ein selbstgerechter Akademismus und ein zögerlicher Liberalismus. Es braucht die Repräsentanz eines kollektiven Willens, damit die Vergeudung abgeschafft, die wirksame Tat vorgeschrieben und die Schönheit hervorgebracht werden kann.

Was sich hier in der Selbstpropaganda eines jungen ambitionierten Architekten zeigt, ist ein Zugriff auf die Stadt aus dem Geist eines »positiven« Freiheitsbegriffs.

---

amerikanischen Prolog und einem brasilianischen Zusatz gefolgt von »Pariser Klima« und »Moskauer Atmosphäre« (1929), Braunschweig/Wiesbaden 1987.

Die aus Stahl, Beton und Glas gebauten Stadtmonumente vornehmlich aus den dreißiger Jahren reflektieren starke Bewegungen historischer Subjektivität, die sich der Abkehr von der Tradition des liberalen Individualismus verdanken. In den Augen einer jüngeren Generation von Organisatoren, Planern und Funktionären war davon nichts anderes übriggeblieben als eine saturierte Haltung trotziger Rückkehr in die innere Zitadelle. Eine merkwürdige Allianz aus Fordisten, Kommunisten und Faschisten stellte sich an die Spitze einer sachlichen Revolution der gesamten Lebensverhältnisse. Den Ausbruch aus einer Welt des sich selbst genießenden und sich selbst beklagenden einzelnen sollte die Verwandlung des Individuums in den Typ bringen. Die sachliche Ästhetik der Photographie suchte nicht das feine, sondern das disziplinierte Gesicht, nicht die fluide, sondern die formierte Masse, nicht die Psychologie des Menschen, sondern die Techniken des menschlichen Verhaltens.

Die Projekte und Planungen für die modernen Städte der dreißiger Jahre lassen einen bestimmten Kult des Staates erkennen, durch den die Politik den Primat über die Gesellschaft zu gewinnen sucht. Das gilt für Berlin und Rom genauso wie für Moskau und New York. Die harte Geometrie der Gitterkonstruktion, die visuellen Befehle der breiten Avenuen, der steile Blick in die Höhe der Bauten verweisen auf ein imaginäres Zentrum, wo die Formen des öffentlichen Glücks und der kollektiven Leidenschaften ihren Ausgangspunkt und ihre Bestimmung haben. In dieser ursprungsmythischen Konstruktion verbirgt sich insofern eine Wiederbelebung des griechischen

Polisideals, als der säkulare Prozeß der Verdrängung des Politischen durch das Gesellschaftliche aufgehalten und rückgängig gemacht werden soll.

Romantische oder klassische Bilder der Stadt?

Vielleicht läßt sich unsere Rekonstruktion auf das bekannte poetologische Differenzschema von Romantik und Klassik bringen. Romantische Erzählungen der Stadt heben auf die Verlockung zur Freiheit ab und betonen das jederzeit mögliche Abenteuer gleich um die Ecke. In diesem Bild ist der Städter eine defensive und reaktive Gestalt, der in der Menge auf das Wunder der Begegnung mit einer fremden Person wartet. Merkwürdigerweise ist hier der »Mensch auf der Straße« meistens einsam und allein und sieht sich einer verwirrenden Vielfalt der inneren und äußeren Erscheinungen gegenüber. Man befindet sich in einer Welt des Okkasionellen und Dekorativen. Daran ändert der Szenenwechsel von Paris über Berlin bis nach Los Angeles wenig. Wenn man der gängigen Literatur, den klassischen Filmen und den populären Fernsehserien über die Stadt Glauben schenken darf, ist es eigentlich immer ein Mann, der sich die Begegnung mit einer fremden Frau ersehnt.

Das klassische Bild stellt dagegen den engagierten Stadtbürger vor, für den die Stadt ein ausgezeichnetes Experimentierfeld politischer Tugenden darstellt. Wider alle romantische Subversionsbewegungen, die Kinos, Bordelle und Dinner als »provisorische Halteplätze« (Michel Foucault)[20] einer sich verstreuenden Subjektivität definieren, hält dieser am stadtbürgerlichen Ideal der Beispielhaftigkeit und Opferbereitschaft fest. Es wird der Anspruch erhoben, die große Stadt als ganze zu denken, zu gestalten und zu managen. Ob das nun in Kategorien kluger Verwaltung, ästhetischer Ausgestaltung oder technischer Konstruktion gehen soll, ist erst einmal zweitrangig. Hier bildet die europäische Idee der Stadt eine klassische politische Form, die fortdauert, aber nie zu Ende definiert ist.

So haben wir am Ende zwei Bilder der Stadt: ein erotisches der plötzlichen Begegnung und ein politisches der totalen Gestaltung. Gemeinsam ist beiden Bildern ein Gefühl urbaner Jetztzeit, die das Leben oder die Welt ändert.

---

20 Michel Foucault, Andere Räume (1967), in: Aisthesis, Leipzig 1991, S. 34–46.

Am Ende ratlos

Dan Diner hat 1988 den Begriff des »Zivilisationsbruchs« in die Debatte um die Katastrophengeschichte des 20. Jahrhunderts eingebracht.[1] Hannah Arendt wird als Zeugin angerufen. In dem legendären Interview mit Günter Gaus berichtete sie davon, wie sie 1943 zum ersten Mal mit Nachrichten über die Massenvernichtung der europäischen Juden konfrontiert war. Sie sperrte sich gegen die Wahrnehmung der Tatsachen, weil »es gegen alle militärischen Notwendigkeiten und Bedürfnisse war. (...) Und dann haben wir es ein halbes Jahr später doch geglaubt, weil es uns bewiesen wurde. Das ist der eigentliche Schock gewesen. Vorher hat man sich gesagt: Nun ja, man hat halt Feinde. Das ist doch ganz natürlich. Warum soll ein Volk keine Feinde haben? Aber dies ist ganz anders gewesen. Das war wirklich, als ob der Abgrund sich öffnet. Weil man die Vorstellung gehabt hat, alles andere hätte irgendwie noch einmal gutgemacht werden können, wie in der Politik ja alles einmal wieder-

---

1 Dan Diner (Hg.), Zivilisationsbruch. Denken nach Auschwitz, Frankfurt am Main 1988.

gutgemacht werden kann. Dies nicht. Dies hätte nie geschehen dürfen. Und damit meine ich nicht die Zahl der Opfer. Ich meine die Fabrikation der Leichen und so weiter – ich brauche mich ja darauf nicht weiter einzulassen. Dies hätte nicht geschehen dürfen.«[2]

Der Erklärung von Hannah Arendt kann man das Format der Katastrophen entnehmen, die die Geschichte unseres 20. Jahrhunderts kennzeichnen. Es geht nicht um die Folgen von Feindschaften, nicht um die Opfer von Kriegen – es geht überhaupt nicht um die Struktur der Politik, die in Europa nach dem Ende der konfessionellen Bürgerkriege des 16. und 17. Jahrhunderts entstanden ist. Denn die operiert mit dem Modell des Staatenduells, bei dem zum Beispiel durch Friedensverträge mit Amnestieklauseln, wie Hannah Arendt sagt, »ja alles einmal wiedergutgemacht werden kann«. Es geht vielmehr um eine Form von Vernichtung, die sich von unseren Vorstellungen einer kriegerischen Logik des ritterlichen Duells oder der strategischen Hinterlist völlig losgelöst hat und uns deshalb in einen »Abgrund« blicken läßt. Das 20. Jahrhundert hat einen Typ von »Makroverbrechen«[3] hervorgebracht, der unsere europäischen Normalformerwartungen von Politik außer Kraft setzt.

Darauf bezieht sich der Begrifff des »Zivilisationsbruchs«. Auschwitz, so Dan Diner, hat unser zivilisatori-

2 Zitiert nach Diner, a. a. O., S. 7.

3 Siehe Herbert Jäger, Verbrechen unter totalitärer Herrschaft, Frankfurt am Main 1989.

sches Basisvertrauen zerstört. Noch das geschickteste Taktieren mit dem Interessenkalkül der Täter lief ins Leere. Die teuflische Logik, so Zygmunt Baumans Analysen,[4] bestand darin, daß sich individuelle Rationalität als Instrument kollektiver Vernichtung erwies. In jeder Etappe der Vernichtung wurde Wert darauf gelegt, den Opfern eine Wahlmöglichkeit nach Maßgabe rationaler Kriterien zu bieten. Aber am Ende diente jeder individuelle Versuch zu entkommen automatisch nur dem Ziel der Eliminierung aller. So wurde durch Anreizung persönlicher oder gruppenspezifischer Privilegierungserwartungen die Kooperation der Opfer zum Zwecke ihrer effektiven Vernichtung gesichert. Die Regel war der Mord, allein dem Zufall verdankte sich das Überleben.

Für Dan Diner ist es diese planmäßig inszenierte Handlungsfalle, die die stillen Überzeugungen unseres zivilisatorischen Weltbilds auf die Probe stellt. Wenn man sich klarmacht, daß unter den Bedingungen unserer Welt keine Rationalität das bloße Überleben sichern konnte, dann fragt sich, was das Denken in rationalen Konstruktionen im Zweifelsfalle noch wert ist. Was vor allem bedeutet eine solche Erkenntnis für die Theorien unserer Gesellschaft und unseres Zusammenlebens? Die Antwort, die ich auf diese Frage geben will, mag zynisch klingen. Ich will nämlich erläutern, warum die Soziologie in ihrem grundbegrifflichen Rahmen von der Katastrophengeschichte des 20. Jahrhunderts gar nicht berührt

4 Zygmunt Bauman, Dialektik der Ordnung. Die Moderne und der Holocaust, Hamburg 1992.

wird, was aber überhaupt nicht darauf hinausläuft, wie Zygmunt Bauman argwöhnt,[5] einer »saturierten Soziologie« das Wort zu reden.

Wieso kann die Soziologie so tun, als sei sie von Auschwitz nicht betroffen? Die Antwort lautet in einem Satz: Ein »Zivilisationsbruch« ist soziologisch nicht denkbar. Was auch geschieht, es geht immer weiter. Die neuere Systemtheorie[6] hat diese Grundbedingung sozialer Konstitution in der ihr eigenen trockenen Klarheit zum Ausdruck gebracht: Für den Kommunikationsprozeß, der die sozialen Systeme durchzieht, gibt es nur die Alternative von Kontinuierung oder Abbruch. Es geht entweder weiter, oder es geht nichts mehr. Diese Differenz wird selber wieder kommuniziert, eine Differenz, die eine Differenz macht,[7] wodurch der Strom der Bedeutung aufrechterhalten bleibt. Was da weitergegeben wird, bleibt unfaßbar, aber es wird etwas weitergegeben. Harold Bloom hat in seiner Darstellung des kabbalistischen Kritizismus[8] von der wandernden und sich dadurch selbst schützenden Bedeutung gesprochen, die von »Abgrund« zu »Abgrund« unterwegs ist – immer auf der Suche nach starken Vorstellungen vom Übertreten und Übersteigen. Soziale Systeme können im Unterschied zu Personen nicht sterben – zumindest macht es einige Schwierigkeiten, brauchbare Kri-

---

5 A. a. O., S. 16.

6 Siehe nur Niklas Luhmann, Soziale Systeme. Grundriß einer allgemeinen Theorie, Frankfurt am Main 1984.

7 So die Formel des Sinnmachens von Gregory Bateson, Ökologie des Geistes, Frankfurt am Main 1983, S. 576ff.

8 Harold Bloom, Kabbala. Poesie und Kritik, Frankfurt am Main 1988.

terien für den Tod einer Gruppe, einer Organisation oder gar einer Gesellschaft anzugeben.[9] Denn deren Ende ist nicht »natürlich« gegeben, sondern ein Produkt von Interpretationen und insofern wiederum ein Übergang.

Die Argumentation hört sich leer an, doch sie verweist, wie ich zugebe, in höchster Abstraktheit, auf die merkwürdige Realität des Sozialen, die eine dritte Position jenseits von Ego und Alter, von Wahrheit und Täuschung, von objektiv gegebenen Bedingungen und subjektiv gemeintem Sinn darstellt. Die antipositivistische Formel von der gesellschaftlichen Vermitteltheit des unmittelbar Gegebenen zielt auf diese Ordnung, die sich allen hergebrachten oder gemeinhin sich anbietenden Vorstellungen der Natur, des Menschen, der Seele, der Sexualität und neuerdings gar des Geschlechts lossagt und ihre eigenen Prämissen selbst erzeugt.

Es ist verschiedentlich auf den »Ursprung der Soziologie aus dem Geist der Restauration«[10] hingewiesen worden. Dem »organisatorischen«, wie es bei Comte heißt, Erkenntnisinteresse der Soziologie als Ordnungswissenschaft lag einerseits das Bewußtsein einer epochalen

---

9 Genaugenommen muß man hier zwischen den flüchtigen Sozialsystemen (»encounters«) und den dauernden Beziehungen zwischen einzelnen Personen (»continuing relationships«) wie alle Liebes- und viele Vertragsbeziehungen auf der einen Seite und den sich in der Zeit selbst reproduzierenden sozialen Systemen auf der anderen unterscheiden: Jene sind an bestimmte Personen gebunden, diese hingegen überleben das wechselnde Personal.

10 So Robert Spaemann, Der Ursprung der Soziologie aus dem Geist der Restauration. Studien über L.G.A. de Bonald, München 1959.

Krise nach der Französischen Revolution zugrunde, andererseits jedoch das Erstaunen darüber, daß das Ganze funktioniert:[11] Wie ist in einer zerfallenden gesellschaftlichen Welt, so die soziologische Ursprungsfrage, Ordnung und sogar Entwicklung möglich?

Diese kleine Erinnerung an den Ursprung der Soziologie macht den reaktiven Charakter des soziologischen Wissens deutlich: Was passiert, wenn das große Ereignis – die Revolution, der Krieg, die Inflation – vorbei ist? Die Krise selbst – der Umsturz, der Zusammenbruch, die Mobilmachung – ist kein guter Gegenstand für die soziologische Erkenntnis. Da greifen Soziologen gerne zu Wunderbegriffen wie Eigendynamik, Emergenz oder spontane Nukleation. Die soziologische Analyse erweist ihre eigentliche Kraft und Tiefe erst in der Umstellung von den »heißen« Ereignissen auf die »kalten« Strukturen. Darin steckt nicht nur ein Zweifel an der Geschichte als Trägerin von Sinn, sondern vor allem der vielleicht vergebliche Versuch, der modernen Beschleunigung der Geschichte durch das vermehrte Auftreten nichtvorhergesehener Ereignisse Einhalt zu gebieten. Möglicherweise hängt damit auch der nunmehr zu Ende gehende Erfolg der Soziologie als Form der Selbstbeschreibung westlicher Gesellschaften in den Zeiten des Kalten Kriegs zusammen. »Gerade das Wachstum der Soziologie als geistiger Kraft außerhalb des akademischen Bereichs in

---

11 Dazu Oskar Negt, Die Konstitution der Soziologie als Ordnungswissenschaft. Strukturbeziehungen zwischen den Gesellschaftstheorien Comtes und Hegels, Frankfurt am Main / Köln 1974.

vielen westlichen Nationen«, schrieb Seymour S. Lipset 1959, »bezeugt nicht in erster Linie die Kraft der soziologischen Analyse, sondern den Verlust des Interesses an politischen Fragestellungen.«[12]

Diese etwas schematischen Erläuterungen zum Wesen der Soziologie sollten die systematische Ratlosigkeit der Soziologen angesichts des »Zivilisationsbruchs Auschwitz« verständlich machen. Bruch verweist – sozusagen: dialektisch – auf Kontinuität. Zu untersuchen, wie es trotzdem weiterging, weckt das soziologische Interesse. Deshalb leuchtet man in der Manier einer alltagsorientierten Sozialgeschichtsschreibung lieber die vielschichtigen Grauzonen zwischen Angleichung und Protest aus.[13] Damit legt uns die soziologische Beschreibung allerdings eine unangenehme anthropologische Komplizenschaft nahe. Gerade die mikrologische Analyse totalitärer Massenloyalität führt uns nämlich einen menschlichen Normaltyp vor Augen, der weder als heroischer einzelner zu verstehen ist, der in einem stellungnehmenden Akt zur Welt ja oder nein zu seiner Existenz sagt, noch als besondere Ausdrucksgestalt der Strebungen und Leidenschaf-

12 Seymour S. Lipset, Political Man, Garden City 1959, S. 415 – in der Übersetzung von Ralf Dahrendorf, Die angewandte Aufklärung. Gesellschaft und Soziologie in Amerika, München 1963, S. 120.

13 Vgl. etwa Detlev Peukert und Jürgen Reulecke (Hg.), Die Reihen fest geschlossen. Beiträge zur Geschichte des Alltags unterm Nationalsozialismus, Wuppertal 1981; Lutz Niethammer (Hg.), »Die Jahre weiß man nicht, wo man sich hinsetzen soll«. Faschismuserfahrungen im Ruhrgebiet, Berlin/Bonn 1983; oder Martin Broszat/Elke Fröhlich, Alltag und Widerstand. Bayern im Nationalsozialismus, München/Zürich 1987.

ten einer politischen Gemeinschaft, die mit der neuen Zeit ziehen will. Wir haben es eher mit einem defensiven Typ zu tun, der sich über ein System kleiner Egoismen unter widrigen Umständen über Wasser hält. Es handelt sich um ein anonymes und allgemeines Individuum, das sich mehr taktisch als strategisch verhält, eher auf günstige Gelegenheiten hofft als bestimmte – gute oder böse – Absichten verfolgt, ein »Radar-Typ«, so David Riesmans Rekonstruktion des »außengeleiteten Charakters« von 1950,[14] der sich im Gemurmel der Gesellschaft orientiert, das zu allen Zeiten den Texten, in denen die persönlichen Konfessionen und politischen Ideologien niedergelegt sind, vorausgeht. Dieser unheroische und unsoziale Charakter ist nicht sonderlich sympathisch, aber in der Betonung solch ephemerer und parasitärer Subjektivität liegt die Chance beschlossen, das Unlogische, Anormale und Paradoxe des zivilisatorischen Verhaltens an den Tag zu bringen. Vielleicht kann man unter diesem Blickwinkel an den rätselhaften Punkt der Entscheidung zum Bösen gelangen, wo plötzlich die alltäglichen Tugenden von Sorge, Würde und Takt vergessen werden und ein Verlangen nach Macht durchbricht. Es ist immer wieder beschrieben worden, wie schnell man lernen kann, den anderen die eigene Macht spüren zu lassen.[15] Es geht dann nicht mehr um Geld- oder Pre-

---

14 David Riesman/Reuel Denney/Nathan Glazer, Die einsame Masse. Eine Untersuchung der Wandlungen des amerikanischen Charakters, Hamburg 1958.

15 Siehe zuletzt Tzvetan Todorov, Angesichts des Äußersten, München 1993, S. 219ff.

stigegewinn, sondern allein um den Genuß, die Angst und das Leiden des anderen in sich aufzunehmen. Man kann zweifellos einige strukturelle Bedingungen angeben, die die Entstehung von Gelegenheitsstrukturen für extreme Machtausübung betreffen, der Punkt jedoch, wo Gelegenheit in Begierde umschlägt, bleibt kontingent.

Michel Foucault hat in einem Interview zu Syberbergs Hitler-Film[16] an die Geschichte einer Gestapo-Sekretärin erinnert, die dreißig Jahre später, ohne ihre Identität zu verheimlichen, an den Ort ihrer Tätigkeit nach Frankreich zurückkehrte. Die Geschichte hatte in Frankreich großes Aufsehen erregt. Man warf dieser Frau vor, am Tisch eines Cafés gesessen zu haben, mit einer Zigarette in der Hand, während vor ihr Menschen zum Erschießen geführt wurden. Man hat viel darüber diskutiert, ob sie eine Zigarette rauchte oder nicht, ob sie lachte oder einfach nur lächelte. Foucault findet die Heftigkeit dieser Diskussion interessant. Fünfzig, hundert oder zweihundert Personen, die man erschießen wird, vor sich vorübergehen zu sehen, während man im Café an einem Tisch sitzt, das könnte doch jedem passieren. Sehr wenige unter uns, meint Foucault, wären in der Lage gewesen, in jenem Moment aufzustehen, mit der Faust auf den Tisch zu schlagen und dem Offizier, der mit am Tisch saß, ins Gesicht zu spucken. Das Grauen, das diese fünfzig, hundert oder zweihundert Gei-

---

16 Michel Foucault und Bernhard Sobel, Die vier Reiter der Apokalypse und die alltäglichen kleinen Würmchen, in: Syberbergs Hitler-Film Arbeitshefte Film 1, herausgegeben von Klaus Eder, München/Wien 1980, S. 69–73.

seln umgibt, fügt sich mit beängstigender Leichtigkeit zur Atmosphäre eines Nachmittags, an dem man sich ein Gläschen genehmigt. Das Irritierende ist dieser kleine Spalt im Alltag, durch den jeden Augenblick, und zwar ohne allen Skandal für die, die gerade dabei sind, das schlimmste Grauen eindringen kann.

Nun kann man den Beitrag der Soziologie zum Verständnis der Katastrophengeschichte unseres Jahrhunderts natürlich nicht auf eine Lebenslehre von der Kontingenz der Normalität reduzieren. Es gibt eine ganze Reihe von soziologischen Arbeiten, die versuchen, die Totalitarismen des 20. Jahrhunderts in eine Strukturtheorie der Moderne und der Modernisierung einzuarbeiten.[17] Das Thema ist die durch Faschismus und Kommunismus vollzogene soziale Revolution von Anrechten und Angeboten für eine neue Mehrheit moderner Gesellschaften, die sich, grob gesprochen, aus einem Widerspruch zwischen geschlossen gebliebenen sozialen und sich öffnenden politischen Strukturen ergeben hat.

Für den Nationalsozialismus bildet hier immer noch Ralf Dahrendorfs Untersuchung über »Gesellschaft und Demokratie in Deutschland«[18] den klassischen Maßstab.

---

17 Wenngleich man sagen muß, daß die westdeutsche Soziologie sich nach 1945 bemerkenswert wenig mit einer Soziologie des Nationalsozialismus beschäftigt hat. Vgl. Thomas Herz, Nur ein Historikerstreit?, in: Kölner Zeitschrift für Soziologie und Sozialpsychologie, Jg. 39, 1987, S. 560–570.

18 Ralf Dahrendorf, Gesellschaft und Demokratie in Deutschland, München 1965.

Dahrendorfs These besteht bekanntlich darin, daß die gegenmoderne Bewegung in Deutschland einen Stoß in die Modernität bewirkt hat. Der Ausbruch aus der institutionell und sozialstrukturell gefesselten Wilhelminischen Gesellschaft war nur nach Art einer schöpferischen Zerstörung ihrer traditionellen Basis möglich. Die »totale Mobilmachung« einer neuer Sozialfigur durch die Massenorganisationen der Partei und der Armee diente der Ersetzung eines organischen Sozialgefüges mit starker Bindung an Schicht, Region und Religion durch eine mechanische Volksdemokratie. Dahinter stand zweierlei: einerseits die Durchsetzung eines neuen Prinzips der sozialen Differenzierung und andererseits die Machtergreifung eines neuen sozialen Akteurs. Interessanterweise finden wir sowohl im Faschismus als auch im Kommunismus das Pathos funktionaler Differenzierung. Nicht mehr Stand und Klasse, sondern Dienst und Funktion sollen die neue Gesellschaft regieren. Zugleich taucht aus dem Volkskörper eine anpassungsfähige und zusammenhängende Masse auf, die den Anspruch auf soziale und kulturelle Hegemonie erhebt. Man spricht in soziologischen Kategorien von der Dienstklasse, vom Kleinbürgertum oder von den Mittelschichten. Hier liegt der Grund dafür, warum in der Geschichte der Länder mit einer totalitären Vergangenheit der Volksgenosse als Sozialfigur der Modernität dem Staatsbürger und dem Konsumenten vorhergeht.

Die Frage allerdings, warum diese offenbar notwendige soziale Revolution in solch katastrophischen Formen sich vollziehen mußte, bringt die Analysen der geschilderten Art in der Regel in eine aporetische Lage. Das

Dominantwerden des Prinzips der funktionalen Differenzierung und der Aufstieg der Mittelklassen zur Mehrheitsklasse stellen sowohl den Ermöglichungsgrund als auch die Verhinderungschance eines totalitären »Zivilisationsbruchs« dar. Die netten, toleranten, wohlhabenden und geborgenen Leute, die die Mehrheitsklasse unserer Gesellschaft bevölkern, bilden, wie Richard Rorty meint,[19] die Garanten unserer westlichen Kultur der moralischen Empfindsamkeit. Denn das Mitgefühl, so der amerikanische Pragmatist, funktioniere nur bei Leuten, die es sich lange genug bequem machen können, um zuzuhören, und die, so müssen wir hinzufügen, sich nicht an die fixen Vorurteilsstrukturen ihrer sozialen, regionalen Herkunft gebunden fühlen. Zugleich bietet die fortgeschrittene Autonomie des Rechts, der Politik, der Erziehung und der Ökonomie die Bedingung dafür, daß »Gleichschaltungen« sich schon wegen des Verlusts funktionsspezifischer Problemlösungs- und Selbstgenerierungskapazitäten verbieten würden. Andererseits war es genau diese Mehrheitsklasse, der die Konzentration auf die eigenen kleinen Privilegien im Zweifelsfall wichtiger war als die Gemeinschaft mit ihren Nachbarn. Außerdem war nicht mehr sichtbar, welche Folgen das eigene Handeln in der Komplexität der funktional differenzierten Handlungsketten hatte. Zur sozialen Produktion moralischer Indifferenz paßt auf der Seite der isolierten Individuen das ängstliche menschliche Ruhebedürfnis.

---

19 Richard Rorty, Menschenrechte, Vernunft und Empfindsamkeit, in: Transit, Heft 7, 1994, S. 102–121.

So steht der Soziologe am Ende ratlos vor der moralischen Katastrophe seiner eigenen Gesellschaft.[20] Im Prinzip stellt der »Zivilisationsbruch« einen Unglücksfall der modernen Gesellschaft dar. Irgendwas ist schiefgegangen. Eine antimoderne, aber auf Modernitätsdefizite bezogene soziale Bewegung hat sich in ihrer Abweichung immer weiter selbst verstärkt, bis schließlich die charismatische Führungsgestalt der Bewegung aufgrund eines historischen Irrtums koalierender Gruppen an die Macht kam und einen eigendynamischen Prozeß der Gewalt in Gang setzte. Man kann daraus lernen und kluge Kontrollmechanismen für »falsche« politische Mobilisierungen einbauen, aber von der Logik der Sache her ist das Unglück nicht ausgeschlossen. Entweder funktioniert die moderne Gesellschaft weiter mit ihren selbsterzeugten Regulationen, oder es passiert plötzlich eine zufällige Katastrophe. Den einzigen Rat, den man am Ende unseres Jahrhunderts der Ereignisse geben kann, lautet, das Unerwartete zu erwarten.[21]

---

20 Zur Ratlosigkeit des Soziologen gesellt sich die Gelassenheit des Historikers und die Beredsamkeit des Psychoanalytikers. Vgl. Heinz Bude, Bilanz der Nachfolge. Die Bundesrepublik und der Nationalsozialismus, Frankfurt am Main 1992, S. 17ff.

21 In solch ironischer Haltung sind sich dann der Soziologe und der Welthistoriker einig. Vgl. William H. McNeill, Winds of Chance, in: Foreign Affairs, Jg. 69, 1990, Heft 4, S. 152 – 175.

Nachweise

Die ironische Nation. Mittelweg 36, Jg. 7, 1998, Heft 2, S. 3–11.

Deutsche Elite. Merkur, Jg. 48, 1994, S. 62–67.

Eine abgewehrte soziale Bewegung? Der jugendliche Rechtspopulismus in der neuen Bundesrepublik. Merkur, Jg. 47, 1993, S. 444–449.

Die Differenz nach der Einheit: Deutsch-deutsche Transformationsprozesse. Merkur, Jg. 49, 1995, S. 61–66.

Empörung ohne Moral. Merkur, Jg. 50, 1996, Heft 570/571, S. 953–959.

Die Wiederkehr der Sozialdemokratie. Merkur, Jg. 48, 1994, S. 516–523.

Kultur als Problem. Merkur, Jg. 49, 1995, Heft 9/10, S. 775–782.

Die Zukunft der Religion. Merkur, Jg. 49, 1995, S. 626–632.

Die Stabilität der Familie. Merkur, Jg. 49, 1995, Heft 12, S. 1118–1122.

Die Stadt und ihr Preis. Über Abschiede von vertrauten Bildern der Metropole. Neue Rundschau, Jg. 109, 1998, Heft 2, S. 11–23.

Am Ende ratlos. Was hat die Soziologie zur Katastrophengeschichte des 20. Jahrhunderts zu sagen? Mittelweg 36, Jg. 3, 1994, Heft 6, S. 40–46.

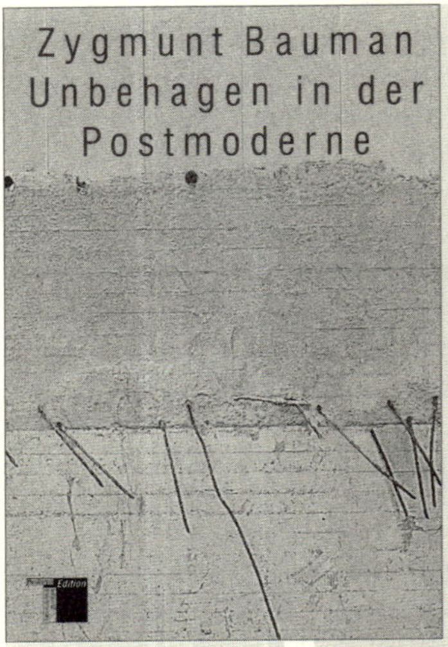

Zygmunt Bauman
Unbehagen in der
Postmoderne
Aus dem Englischen
von Wiebke Schmaltz
376 Seiten

ISBN 3-930908-45-x

Zygmunt Bauman begibt sich diesmal auf die Spuren Sigmund Freuds. Glück – jedenfalls als Zustand – sei im Schöpfungsplan nicht vorgesehen, hatte Freud in »Das Unbehagen in der Kultur« 1930 gemutmaßt, um im Anschluß drei Anforderungen des Kulturkampfes herauszustellen: Schönheit, als das »Unnütze, dessen Schätzung wir von der Kultur erwarten«, Reinlichkeit, denn »Unsauberkeit jeder Art scheint uns mit Kultur unvereinbar«, und schließlich Ordnung.

Fast siebzig Jahre nach Freuds provozierender Bestandsaufnahme diagnostiziert Bauman nun eine Umkehrung der Verhältnisse: das Realitätsprinzip hat sich dem Lustprinzip unterworfen, erzwungener Verzicht von einer unbehaglichen Notwendigkeit in einen ungerechtfertigten Angriff auf die individuelle Freiheit verwandelt. In diesen Zeiten der Deregulierung und Privatisierung nimmt die individuelle Freiheit den höchsten Rang ein – als der Wert, an dem alle anderen Werte beurteilt und gemessen werden.

Anything goes? Haben die alten Ideale der Moderne – Schönheit, Reinheit und Ordnung – ausgedient? Keineswegs, so Bauman, nur glauben wir heute, sie direkt »aus dem Erz des menschlich-allzumenschlichen Strebens nach Lust schmelzen« zu können, und zwar jeder und jede für sich im eigenen Auftrag. Erwuchs das moderne Unbehagen aus der Sicherheit, die zu wenig Freiheit ließ, so entsteht das postmoderne Unbehagen aus der Freiheit, die zu wenig Sicherheit gewährleistet. Produzierte das Übermaß an Ordnung langweilige und eintönige Tage, beschert uns das postmoderne Übermaß an Freiheit schlaflose Nächte – dem Unbehagen läßt sich nicht entgehen.